ÄGYPTOLOGISCHE ABHANDLUNGEN

HERAUSGEGEBEN VON
WOLFGANG HELCK UND EBERHARD OTTO

BAND 30

HANS GOEDICKE

DIE GESCHICHTE DES SCHIFFBRÜCHIGEN

1974

OTTO HARRASSOWITZ · WIESBADEN

DIE GESCHICHTE DES SCHIFFBRÜCHIGEN

VON

HANS GOEDICKE

1974

OTTO HARRASSOWITZ · WIESBADEN

Printed in Germany
ISBN 978-3-447-01591-2

Otto Harrassowitz GmbH & Co. KG
Kreuzberger Ring 7c-d, D-65205 Wiesbaden
produktsicherheit.verlag@harrassowitz.de

INHALTSVERZEICHNIS

	Seite
Vorwort	VII
Abkürzungsverzeichnis	IX
Einleitung: Die erfolgreiche Heimkehr (Zl.1-11)	1
Die Folgen der Heimkehr (Zl.12-21)	11
Die Geschichte des Gefolgsmannes (Zl.21-30)	14
Schiffbruch und Errettung des Gefolgsmannes (Zl.30-46)	19
Die erste Exkursion des Schiffbrüchigen (Zl.47-56)	26
Das Erscheinen der Schlange (Zl.56-66)	29
Die erste Rede der Schlange (Zl.67-80)	33
Die zweite Rede der Schlange und die Antwort des Schiffbrüchigen (Zl.81-97)	38
Die Erzählung über den Schiffbruch (Zl.97-108)	39
Die Antwort der Schlange (Zl.109-123)	41
Die Freude überstandener Gefahr (Zl.124-129)	43
Das Unglück der Schlange (Zl.129-138)	46
Zusicherungen des Schiffbrüchigen (Zl.138-144)	55
Dankestaten für die Schlange (Zl.144-148)	58
Die Schlange lacht über die Versprechen (Zl.149-154)	58
Erscheinen der Rettung und Abschied (Zl.154-160)	61
Dank und Abschiedsgeschenke (Zl.161-165)	64
Kontakt mit dem Rettungsschiff (Zl.166-172)	65
Schluß (Zl.172-186)	68
Zusammenfassung	72
Index ägyptischer Wörter	91

VORWORT

"Die Geschichte des Schiffbrüchigen" neu zu bearbeiten kann nur zu leicht als eine Vermessenheit erscheinen. Jeder Student der Ägyptologie liest den Text während seiner Ausbildungsjahre und wächst dadurch in eine Tradition hinein. Als Prosaerzählung spricht der Text nur zu leicht den modernen Leser als Beispiel altägyptischer Freude am Erzählen an. Wenngleich das Fabulieren als ein tiefsitzender menschlicher Zug anmuten mag, so besteht doch begründeter Zweifel, ob dies als triftiges Motiv der älteren ägyptischen Literatur angesehen werden kann. Die Arbeiten von Georges Posener und Siegfried Herrmann haben für einen wesentlichen Abschnitt der ägyptischen Literatur politische Motive als treibende Kräfte herausgestellt, die für einen ungebundenen Fabulierdrang keinen Raum lassen. Wenn wir eine Ausrichtung in literarischen Werken stark vertreten finden, schien es angebracht, die ältere ägyptische Literatur als Ausdrucksform bestimmter Ideen und nicht als Widerspiegel einer Freude am Erzählen zu verstehen. In der Dynamik des Lehr- und Studienbetriebs verdichtete sich langsam die Vermutung zu einer konkreten These, die hier ihren Niederschlag findet.

Die Probleme, mit denen ich über Jahre rang, sind vielschichtig und die Schwierigkeit der Auseinandersetzung kommt in dem Manuskript nicht voll zum Ausdruck. Sich aus der Verwurzelung in eine Tradition zu lösen, war die schwierige und unumgängliche Voraussetzung für den Versuch einer Neuorientierung. Dabei kann der Versuch "Objektivität" gegenüber der Tradition zu erreichen, nur zu leicht als Ikonoklasmus angesehen werden. Dies war und ist keineswegs die Absicht. Die vorangegangene Arbeit an diesem Text ist eine wesentliche Voraussetzung für diesen Versuch, ein Motiv oder eine Moral für "Die Geschichte des Schiffbrüchigen" aufzuzeigen. Wenn es gelang, auch nur Teile eines tieferen Inhalts dieses Literaturwerkes aufzuhellen, ist das Ziel dieser Arbeit grundsätzlich erreicht. Vielleicht kann sie mithelfen, die Ideenwelt des alten Ägypten zu erfassen, was letztlich das Ziel der Ägyptologie sein muß.

Baltimore, Md. Hans Goedicke

ABKÜRZUNGSVERZEICHNIS

ABAW = Abhandlungen der Bayerischen Akademie der Wissenschaften, München

Aegyptische Inschriften Berlin = Schäfer, Aegyptische Inschriften aus den Königlichen Museen zu Berlin I-II, Berlin

AMAW = Abhandlungen der Mainzer Akademie der Wissenschaften, Mainz

BIFAO = Bulletin de l'Institut français d'Archeologie orientale, Kairo

CdE = Chronique d'Egypte, Brussel

CT = A. de Buck, The Egyptian Coffin Texts, vol.I-VII, Chicago

Erman, Literatur = A.Erman, Die Literatur der alten Ägypter, Leipzig 1923

Faulkner, Concise Dictionary = R.O.Faulkner, A Concise Dictionary of Middle Egyptian, Oxford 1962

Gardiner, Notes = A.H.Gardiner, Notes on the Story of Sinuhe, Paris 1916

Goedicke, Die Stellung des Königs = H.Goedicke, Die Stellung des Königs im Alten Reich (Ägyptologische Abhandlungen 2) Wiesbaden 1960

Grapow, Bildliche Ausdrücke = H.Grapow, Die bildlichen Ausdrücke des Aegyptischen, Leipzig 1924

Grapow, Wie die alten Ägypter . . . = Hermann Grapow, Wie die alten Ägypter sich anredeten, wie sie sich grüßten und wie sie miteinander sprachen, I-IV, Abhandlungen der Preußischen Akademie der Wissenschaften, philosophisch-historische Klasse 1939-1942

Hieroglyphic Texts = Hieroglyphic Texts from Egyptian Stelae, &c. in the British Museum, Part 1-9, London

James, Hekanakhte Papers = T.G.H.James, The Hekanakhte Papers and other early Middle Kingdom Documents, Publications of the Metropolitan Museum of Art, Egyptian Expedition vol.XIX, New York 1962

Janssen, Het traditioneele Egyptische Autobiografie = Jozef Janssen, De traditioneele Egyptische Autobiografie vòòr het Nieuwe Rijk, Leiden 1946

JAOS = Journal of the American Oriental Society

JARCE = Journal of the American Research Center in Egypt

JEA = Journal of Egyptian Archaeology

JNES = Journal of Near Eastern Studies

Kees, Götterglaube = Hermann Kees, der Götterglaube im alten Ägypten, Leipzig 1942

Lefèbvre, Grammaire = G. Lefèbvre, Grammaire, de l'Égyptien classique, Cairo 1955

MDIK = Mitteilungen des Deutschen Archäologischen Instituts, Abteilung Kairo

NAWG = Nachrichten der Akademie der Wissenschaften in Göttingen

Piankoff, Le Coeur = A.Piankoff, Le "Coeur" dans les textes égyptiens, Cairo 1930

Pyr. = Pyramidentexte

RdE = Revue d'Egyptologie

RT = Receuil de travaux relatifs à la philologie et a l'archeologie egyptiennes et assyriennes, Paris

Satzinger, Die negativen Konstruktionen = H.Satzinger, die negativen Konstruktionen im Alt- und Mitteläqyptischen, Münchner Ägyptologische Studien 12, Berlin 1968

Sethe, Kommentar Pyramidentexte = K.Sethe, Übersetzung und Kommentar zu den altägyptischen Pyramidentexten, I-V

TR = Lacau, Textes religieux égyptiens, RT 26-37, 1904-1915

Urk. = Urkunden des ägyptischen Altertums, I Urkunden des Alten Reiches, IV Urkunden der 18. Dynastie, VII Urkunden des Mittleren Reiches.

Wb = Erman-Grapow, Wörterbuch der ägyptischen Sprache, 11 Bände, Leipzig 1926-1953

Abkürzungsverzeichnis

Wilson Festschrift	= Studies in Honor of John A. Wilson, Studies in Ancient Oriental Civilization no. 35, The Oriental Institute of the University of Chicago, 1969
ZÄS	= Zeitschrift für Ägyptische Sprache und Altertumskunde
ZDMG	= Zeitschrift der Deutschen Morgenländischen Gesellschaft

EINLEITUNG: DIE ERFOLGREICHE HEIMKEHR (Zl. 1-11)

Unter den erhaltenen Zeugnissen altägyptischer Literatur nimmt die Geschichte des Schiffbrüchigen eine scheinbar isolierte Stellung ein. Nur in einer Handschrift erhalten, die wohl an das Ende der 12. Dynastie zu datieren ist, scheint sie ein Produkt einer Unterhaltungsliteratur zu sein, die sonst nicht erhalten ist. Während ägyptische Literaturwerke sonst einen meist deutlich erkennbaren moralisierenden Kern haben, scheint dieser hier zu fehlen. Gerne wurde die Erzählung mit den Seefahrergeschichten anderer Kulturen und Zeiten, wie Sindbad der Seefahrer etc. verglichen[1]. Jüngst ist jedoch auch für die Geschichte des Schiffbrüchigen ein "eschatologischer Hintergrund" postuliert worden[2], dessen spezifischer Charakter jedoch unbestimmt blieb. Bei wiederholter Lektüre ergab sich eine neue Konzeption, die im folgenden vorgelegt wird.

Obwohl die Erzählung in der erhaltenen Form vollständig ist, wurde mehrfach die Vermutung geäußert, daß das Erhaltene Teil eines Geschichtenzyklus ist[3]. Eine solche Vermutung konnte durch einen oberflächlichen Vergleich mit den Erzählungen des Papyrus Westcar nahegelegt werden, läßt jedoch außer acht, daß dort nur der Rahmen wesentlich erweitert ist, der eigentliche Kern aber nur aus einer Geschichte besteht. Auch in der Geschichte des Schiffbrüchigen haben wir eine in sich geschlossene Komposition, die, wie die Mehrzahl ägyptischer Literaturwerke, durch eine Rahmenerzählung eingefaßt ist. Dieser Rahmen ist nur lose mit der Hauptgeschichte verbunden, hat aber mit ihr das Zentralthema gemeinsam, das auf diese Weise wiederholt und auf verschiedener Ebene behandelt wird. Auch in dieser Hinsicht folgt die Komposition festen Traditionen in der ägyptischen Literatur, wie zum Beispiel den "Klagen des Bauern", wo die Rahmenerzählung eine Demonstration des eigentlichen Themas bietet.

---

1 E.Brunner-Traut, Altägyptische Märchen 253.

2 Lanczkowski, Die Geschichte des Schiffbrüchigen, ZDMG 103, 1953, 360-371; Parallelmotive zu einer altägyptischen Erzählung, ZDMG 105, 1955, 239-260.

3 Vgl. Posener, RdE 6, 1951, 35.

Besonders enge Berührungspunkte bestehen mit der Erzählung des Sinuhe, die, gleich unserer Geschichte, sich epischer Breite bedient, um eine Moral zu illustrieren. Darüber hinaus sind auch inhaltliche Berührungspunkte vorhanden. Beiden gemeinsam ist die Zentralfigur in der Person eines königlichen Gefolgsmannes, sowie die diesem als richtig zugeschriebene Handlungsweise. Empfohlen wird,bewußt und aufrecht zu handeln selbst in Konfrontation mit weit überlegenen Gewalten, um auf diese Weise die untergründige Angst - das was man früher in Preußen den "inneren Schweinehund" nannte - zu überwinden. Die beiden Möglichkeiten der Reaktion werden durch die Gegenüberstellung von zwei Personen verdeutlicht. Der seinen Gefühlen Verfallene hat wenig zu sagen in seiner Angst. Der Rationelle, bezeichnenderweise in der Rolle des Untergebenen, hingegen versucht erst die Situation zu gliedern, um zu zeigen, daß kein Anlaß zur Depression vorhanden ist. Da es ihm nicht gelingt, sein Gegenüber von dem positiven Charakter der Situation zu überzeugen, beleuchtet er das Problem durch ein gegenteilig gelagertes Ereignis. Dadurch zeigt er, daß selbst in scheinbar aussichtsloser Situation bewußtes Handeln letztlich eher zum Ziele führt als Selbstaufgabe und Verzweifeln. Dieser Zentralpunkt ist zusätzlich nochmals in der Erzählung des "Schlangendämons" behandelt, wodurch das Thema eine weitere Abhandlung erfährt. Wenngleich die Themensetzung somit recht simpel erscheinen mag, so darf in unserer Sophistisierung nicht vergessen werden, daß dies letztlich die entscheidende Frage für den individuellen Menschen ist.

Der erste Teil der Rahmenerzählung ist wohl ein Zwiegespräch, auch wenn die Trennungslinien zwischen den beiden Partnern nicht klar angegeben sind. Eine derartige Aufgliederung erscheint notwendig, um zu der nötigen Kristallisierung der Problemstellung zu kommen, die die Voraussetzung der Parabel bildet. Wenn die implizierte Gegenüberstellung außer acht gelassen wird, verliert die innere Geschichte ihre überzeugende Veranlassung. Nur als Teil eines Arguments ist die Parabel verständlich, indem sie die Illustration eines Streitpunktes enthält.

Die Rahmenerzählung bedient sich einer besonderen Situation, um das zu behandelnde Problem in integrierter Form bildhaft einzuführen. Es ist die Heimkehr eines verantwortlichen Mannes von einer Reise in die Fremde, worüber er Bericht zu geben hat. Diese Begegnung mit der übertragenen Verantwortung wird gefürchtet und bildet den Kernpunkt der Erzählung, in dem das Bewußtsein der Verantwortung und die Notwendigkeit, darüber Rechenschaft abzulegen, zur Darstellung kommen. Die Elemente, die zur Schilderung der Situation zusammengestellt sind, entstammen wohl dem empirischen Bereich, finden sich aber auch anderwärts in verdichteter Form als Metaphern. Insbesondere das Bild von der Reise in die Ferne und der auf die Heimkehr folgenden Bewertung des Erfolges hat seine Parallele. Wir finden sie im "Gespräch des Mannes mit seinem Ba"[4] als Gleichnis für das irdische Dasein des im Geistigen beheimateten Menschen und der darauf folgenden Heimkehr in die wahre Heimat. In diesem Aspekt liegt der eschatologische Charakter des Textes als Hinweis auf die unumgängliche Abrechnung im Tode über die Taten im irdischen Leben. Darüber hinaus besteht die psychologische Anwendung des Textes für Situationen des mundanen Lebens.

Die Einleitung zerfällt in zwei Teile, wie dies auch durch die Verwendung von Rubren angezeigt ist. Der erste beschreibt die glückliche Situation und die erfolgreiche Heimkehr (Zl. 1 - 11):

"Der treffliche Gefolgsmann sagte: 'Freue dich, o Leiter! Siehe, wir haben die Heimat erreicht. Ergreife den Schlägel und schlage den Pflock ein, indem das Bugtau an Land liegt! Gib Preis und lobe Gott, während jedermann seinen Genossen umarmt: Unsere Mannschaft ist heil zurückgekommen und nicht gab es einen Verlust für unsere Truppe, nachdem wir das Ende von Unternubien erreicht haben und an Bigge vorbeigekommen sind! Siehe, wahrlich, wir kommen glücklich zurück! Unser Land - wir erreichen es!'"

Die Einleitung führt die beiden betroffenen Personen vor und erstellt mit wenigen Strichen eine bestimmte Situation. Diese hat unterschiedliche Erklärung gefunden. Erman[5] nahm an "der Gefolgsmann weckt seinen Herrn morgens im Schiff und meldet ihm, daß sie wieder in Ägypten sind." Dagegen ist einzuwenden, daß in Ägypten nachts nicht gesegelt wird. Im allgemeinen wird diesem Teil der Erzählung jedoch wenig Aufmerksamkeit gewidmet und darin nicht mehr als eine Beschreibung der stattgefundenen glücklichen Heimkehr gesehen. Wenn wir uns jedoch in die beschriebene Situation versetzen, ergeben sich Ungereimtheiten, die für einen mit der Flußschiffahrt eng vertrauten ägyptischen Zuhörer oder Leser unübersehbar gewesen sein müssen. Dazu gehört vor allem die Tatsache, daß in Altägypten

---

4 Lebensmüder 137; vgl. dazu Goedicke, The Report about the Dispute of a Man with his Ba 175 f.

5 Erman, Die Literatur der Aegypter 57, Anm. 2.

grundsätzlich auf Deck gereist wurde, d.h. daß alle Beteiligten an Bord waren und daher über den Ablauf des Geschehens voll in Kenntnis waren. Es kann somit keine Notwendigkeit bestanden haben, jemandem die Tatsache der stattgefundenen Landung zu beschreiben, an der er ja selbst teilgenommen hat. Dazu kommen grammatikalische Momente, die in den vorliegenden Übersetzungen übergangen sind. Im allgemeinen wird in der Einleitung eine Beschreibung gesehen und dabei außer acht gelassen, daß verschiedene Konstruktionen bzw. Verbalformen vorliegen. Bei genauer Durchsicht ergeben sich folgende Elemente, die entsprechend zu unterscheiden sind:

1. Ein hortativ gebrauchtes perfektisches *sḏm.f (wḏ3 ỉb.k)*. Dieser Wunschsatz wird durch den nachfolgenden Aussagesatz mit *sḏm.n.f (m.k pḥ.n.n ẖnw.n)* begründet.

2. Zwei Satzgruppen aus jeweils drei Gliedern. Von diesen sind zwei identisch gebaut, während das dritte jeweils einen Umstandssatz enthält. Dieser ist einmal in der Form eines Pseudoverbalsatzes mit Pseudopartizip *(ḥ3tt rd.ti ḥr t3)*, das andere Mal ein Pseudoverbalsatz mit Infinitiv *(z nb ḥr pḫt snw.f)*. Die jeweils damit verbundenen beiden Verben werden seit Erman[6] als passives *sḏm.f* mit statischem Charakter aufgefaßt[7]. Die sich dadurch ergebende Übersetzung "der Schlägel ist schon ergriffen, der Landepflock eingeschlagen, das Bugtau auf Land gelegt"[8] führt jedoch

---

6 ZAS 43, 1906, 5.

7 Deutlich bei Westendorf, Der Gebrauch des Passivs in der klassischen Literatur der Ägypter 10; Gardiner, Egyptian Grammar[3] § 422 "the mallet has been taken and the mooring-post driven in", wobei es mit englischem "present perfect" verglichen wird. Lefèbvre, Grammaire de l'Egyptien classique[2] § 294 übersetzt "le maillet a été saisi" und betont, daß nur der Zusammenhang eine passive Übersetzung erweist.

8 E.Brunner-Traut, a.a.O.5; ähnlich Schott, Altägyptische Liebeslieder 170 "der Hammer ist genommen, der Landepflock eingeschlagen, das Bugtau auf Land gelegt"; Lefèbvre, a.a.O. § 294 "le maillet a été saisi, le pieu a été frappé, l'amarre d'avant reposant déjà sur le sol"; Vikentiev, BIFAO 35, 1935, 25 "the mallet has been taken and the mooring-post driven in. The prow-rope having placed on land"; Erman, Literatur 57 "man hat den Schlägel genommen und hat den Pflock eingeschlagen und das Schiffstau ist aufs Land gelegt."

zu einer Reihe von Ungereimtheiten bzw. Widersprüchen. Sie betreffen nicht nur den bereits vorgebrachten Einwand, daß einer an Bord befindlichen Person eine offensichtliche Tatsache mitgeteilt wird. Darüber hinaus ist es die unlogische Reihung der Aussagen, sowie die inneren Widersprüche in der angenommenen grammatikalischen Konstruktion. Geht man davon aus, daß hier ein statisches Passiv vorliegt, so kann dieses nur zeitlos verstanden werden. Dies würde aber bedeuten, daß der zum Eintreiben des Landepflockes gebrauchte Schlägel dauernd gehalten wird, auch nachdem sein Gebrauch beendet ist. Wenn *ḥw mnjt* wirklich "eingeschlagen ist der Landepflock" bedeuten würde, dann schiene eine Konstruktion mit dem Pseudopartizip dieser Bedeutungsnuance eher angebracht. Diese Konstruktion liegt in dem abschließenden Konditionalsatz "indem das Bugtau an Land liegt" vor, wie dies auch zu erwarten ist. Wenn aber der Pseudoverbalsatz einen Umstand nennt, dann kann ein damit zusammenhängender Aussagesatz nicht statisch sein. Darüber hinaus besteht ein innerer logischer Zusammenhang zwischen dem Ergreifen des Schlägels und dem Einschlagen des Landepflocks, der offensichtlich progressiv ist und daher nicht statisch wiedergegeben werden kann. Da die beiden Aussagen nur als spezifische Handlungen verstanden werden können, bedürfen sie der Verbindung mit einer Person, die diese Handlungen ausführt. Zieht man die spezifischen Gegebenheiten der Situation in Betracht, so ergibt sich, daß hier keine stativ-passive Konstruktion vorliegen kann. Vielmehr muß eine dynamisch-aktive Aussage angenommen werden, was auch durch den Einschluß in eine direkte Rede gefordert ist. Morphologisch, wie auch inhaltlich, kann daher hier nur ein Imperativ angenommen werden, was auch zu einer logischen Abfolge in der Schilderung der Landung führt. Die beiden Imperative werden durch den Umstandssatz bestimmt. Daraus kann geschlossen werden, daß zum Zeitpunkt der Rede die Landung noch nicht vollzogen war, sondern erst bevorsteht.

Gegen diese Auffassung der Stelle könnten Einwände wegen der unzweifelhaft parallelen zweiten Satzfolge vorgebracht werden. Es ist vor allem das erste Aussageglied,  *ḥknw*, das gegen eine Erklärung als Imperativ zu sprechen scheint und daher auch als "gegeben worden ist Lobpreis"[9]

9 Westendorf, a.a.O. 19. Offensichtlich in Erkenntnis der sich ergebenden Widersprüche hält Westendorf eine "optativische Aufforderung 'man möge ...'... denkbar", verwirft sie aber aus syntaktischen Gründen. Eine optativische Erklärung eines passiven *sḏm.f* würde vor allem im Widerspruch zu dem angenommenen statischen Charakter der Verbform stehen.

übersetzt worden ist[10]. Trotz dieses scheinbar naheliegenden Einwands ist hier die Annahme des seltenen stammhaften Imperativs von *rdj*[11] jeder anderen Erklärung vorzuziehen, da sie zu keinem zufriedenstellenden Resultat führt. Nur auf diese Weise, als Aufforderung zu einer zu vollziehenden Handlung, läßt sich ein Einklang mit der bereits aufgezeigten Situation erstellen: das Schiff ist noch nicht gelandet, doch steht die Landung unmittelbar bevor. Da der Preis und Dank an Gott erst nach erfolgter Landung erfolgen kann, bleibt auch hier nur die Erklärung als imperativische Aufforderung an den Angesprochenen. Dadurch erklärt sich auch der angeschlossene pseudoverbale Umstandssatz, der, wie in der Parallele, die Umstände schildert, während denen die empfohlene Handlung durchzuführen ist. Die Einzelheiten sind mit psychologischer Beobachtungsgabe erfaßt; bei erfolgter Landung wirft sich die Mannschaft in die Arme der wartenden Angehörigen. Anders der Verantwortungsbewußte, der seine religiösen und moralischen Pflichten über seine Gefühle stellt. Diese Auffassung der Stelle ist auch für das Verständnis der beiden Akteure wesentlich, wie unten (S. 9 f.) aufgezeigt wird.

Die beiden Aufforderungen werden gefolgt
3. von einem Pseudoverbalsatz mit Pseudopartizip und einem negierten Nominalsatz. Die Zusammengehörigkeit der beiden Sätze ist immer erkannt worden, nicht aber ihr Verhältnis zueinander und zum Vorausgehenden. Versetzt man sich in die geschilderte Situation, ist die Aussage völlig sinnlos; schließlich sollte jedem Mitglied des Unternehmens bekannt sein, daß es keine Verluste gegeben hat. Folglich kann diese Feststellung nicht an den Reisegenossen gerichtet sein, dem diese Tatsache vertraut sein müßte. Hierin eine allgemeine Information zu sehen, geht nicht an, da dadurch der in sich geschlossene Aufbau der Erzählung durchbrochen würde. Dazu kommt ferner die spezifische Art der Formulierung. Würde eine Aussage

---

10 Manche Übersetzung setzt sich über die Schwierigkeiten durch eine unpersönliche aktive Auffassung der Stelle hinweg. So übersetzt Erman, Literatur 57, Schott, a.a.O. und ähnlich E.Brunner-Traut, a.a.O. 5 "man preist und dankt Gott und jeder umarmt den anderen". In gleicher Weise Lèfebvre, a.a.O.33 "on rend graces, on glorifie Dieu et chacun embrasse son camarade", während Vikentiev, a.a.O., sich enger an die angenommene passive Formulierung hält und "praises and thanks are done, whilst every man is embracing his fellows" übersetzt.

11 Gardiner, Egyptian Grammar[3] § 336.

vorliegen, wäre zumindest im ersten Glied die Verwendung eines *sḏm.n.f* zu erwarten. Die beiden Satzteile stehen jedoch unverbunden nebeneinander und haben beide statischen Charakter. Zieht man ferner in Betracht, daß die Landung zu diesem Zeitpunkt noch gar nicht stattgefunden hat, so können die beiden Sätze nur als Antizipation angesehen werden. Damit fallen sie aber außerhalb einer linearen Entwicklung des Geschehnisablaufes und können nicht in die Erzählung eingebaut werden. Sie sind vielmehr als Inhalt der Danksagung an Gott zu nehmen, zu der vorher aufgefordert worden war. Beachtenswert ist die Zweiteilung der Danksagung. Aus ihr kann ein dualistischer Aufbau des Unternehmens erschlossen werden, indem zwei verschiedene Personengruppen dazu beitrugen. Die eine wird als *ỉzwt* bezeichnet und ist als Schiffsbesatzung zu identifizieren. Die andere ist(*mšʿ*) und verweist auf das militärische Begleitpersonal. Der dualistische Aufbau ägyptischer Unternehmen im Ausland läßt sich auch sonst erkennen[12], so daß diese Gegenüberstellung keine Ausnahme bildet. Darüber hinaus ist diese Erkenntnis für die Charakterisierung der beiden Beteiligten, bzw. der Trennung zwischen den im menschlichen Dasein wirksamen Kräften, wesentlich.

4. Die beiden *sḏm.n.f*-Sätze (*pḥ.n.n* und *zn.n.n*) könnten als Aussage gewertet werden, wie dies allgemein angenommen wird. Allein die Tatsache, daß der nachfolgende Satz ein *sḏm.f* enthält, sowie das Fehlen einer Einleitung für eine solche Aussage, spricht dagegen. Auch wäre es, wie schon in vor hergehenden Fällen, unsinnig, eine offensichtliche Tatsache mitzuteilen. Die beiden Sätze sind vielmehr mit dem Vorhergehenden zu verbinden und als Umstandssätze anzusehen[13]. Sie qualifizieren die Feststellung über die verlustlose Heimkehr, bzw. erstellen einen bestimmten Zeitpunkt, der als "Heimkehr" gewertet wird. Das Erreichen des Endes von Wawat[14] entspricht dem Zielpunkt der Reise, das Fremdland zu verlassen. Die Aussage wird im anschließenden Satz zusätzlich spezifiziert durch die Nennung der vollzogenen Passage der Insel Biggeh. Sie ist der letzte Punkt, ehe Ägypten erreicht wird. Es ist wohl traditionell, daß Elephantine als Südgrenze Ägyptens angesehen wird, obwohl dies nicht völlig richtig ist.

---

12 Vgl. Z.B. Urk.I 93,9-10; 149,11-12; u.a.

13 Vgl. Gardiner, a.a.O. § 213.

14 Zur Lage von Wawat vgl. Säve-Söderbergh, Ägypten und Nubien 14 ff.; Gardiner, Ancient Egyptian Onomastica I 74*; Edel, Ägyptologische Studien (Festschrift Grapow) 59 ff.; Dixon, JEA 44, 1958, 119.

Die Huldigung nubischer Fürsten für König Merenre^c I. auf el-Ḥîseh[15] fand offensichtlich im Grenzland statt, wobei es unklar bleibt, ob el-Ḥîseh der letzte ägyptische Vorposten oder der Beginn Nubiens war. Für die VI. Dynastie ist es zumindest wahrscheinlich, daß alle Kataraktinseln zum ägyptischen Hoheitsbereich gehörten. Die Situation scheint sich anschliessend zu ändern und Biggeh wird zum offiziellen Ende von Nubien. Diese Grenzziehung scheint noch in der Spätzeit nachzuwirken und ein Grund für die Kultfahrten der Göttin von Philae nach Biggeh zu sein, da sie ja Herrin von Ägypten und Nubien war[16].

Die erneute Nennung der Partikel *mk* (Zl.10), die in diesem Fall noch durch *rf* verstärkt ist, bliebe unverständlich, wenn dies nur Teil einer in sich geschlossenen Aussage wäre. Dazu kommt ferner der Wechsel in der Verbalform. Nach dem ersten *mk* stand ein *sḏm.n.f*, nach dem zweiten ein *sḏm.f* - oder wahrscheinlicher - ein Pseudopartizip[17]. Diese Differenzen werden allgemein übergangen, indem alles als Teil der Erzählung bzw. Aussage angesehen wird. Es ist erst dieser durch *mk* eingeleitete Abschnitt, der den Vollzug der Landung beschreibt, die als gleichzeitig anzusehen ist. Dies gilt insbesondere für den zweiten Teil der Feststellung, *t3.n pḥ.n sw*, das nur präsentisch übersetzt werden kann. *T3* ist wohl kaum als "Heimat" zu verstehen, wie dies allgemein geschieht, da dies Implikationen enthalten würde, die für einen Ägypter kaum zutreffen würden. Dies gilt vor allem für den Besitzanspruch auf das Land, der nur dann angebracht wäre, wenn die beiden Gesprächspartner gemeinsam einen Rechtstitel besitzen würden. Daher ist m.E. *t3* hier im spezifischen Sinn von "Landestelle" zu verstehen[18].

Bei der minutiösen Durchsicht des ersten Abschnitts eröffnen sich Aspekte für das Verständnis der beiden Akteure. Der eine, der der Sprecher ist, wird zu Beginn als *šmsw ỉḳr* eingeführt. Diese Bezeichnung wurde ihm in

---

15 Urk.I 110 f.

16 Vgl. Junker, Das Götterdekret über das Abaton, AWAW 1913, 28.

17 Für ein Pseudopartizip spricht, trotz der defektiven Schreibung, das Personalsuffix nach *mk*, was für ein *sḏm.f* ungewöhnlich wäre. Darüber hinaus hat die Konstruktion *mk sḏm.f* futurische Bedeutung; vgl. Gardiner, a.a.O. § 234.

18 Dies ist auch in dem Ausdruck *zm3-t3* deutlich.

Anerkennung seiner Taten durch den König verliehen (Zl. 177). *Šmsw* bzw. *šmsw ỉḳr* ist insbesondere im Mittleren Reich eine häufige Bezeichnung, doch beginnt ihre Verwendung bereits früher. In vielen Fällen hat sie den Charakter einer militärischen Bezeichnung und ist daher auch in diesem Sinne verstanden worden[19]. Obwohl kein Zweifel an den militärischen Funktionen des *šmsw* bestehen, so scheint es doch unrichtig, darin einen spezifisch militärischen Funktionsträger in der Art eines Soldaten zu sehen. Weder die wörtliche Bedeutung von *šmsw* als "Gefolgsmann" noch die gesicherten Details dieser Funktion, insbesondere die Ernennung, wie sie in unserem Text beschrieben wird, lassen eine derart eng begrenzte Erklärung zu. Vielmehr ist der Aufgabenkreis des *šmsw* grundsätzlich im Königsdienst zu sehen, ohne daß ein spezifischer Aufgabenkreis eines Amtes vorzuliegen braucht. Grundsätzlich scheinen die *šmsw* das aus der Frühzeit der ägyptischen Geschichte als *šmsw-Ḥr* bekannte Konzept fortzuführen[20]. In anderen Worten, der *šmsw* ist als Gefolgsmann, Repräsentant und Verfechter einer geistigen Ordnung, die im Königtum ihr Zentrum hat, anzusehen. In diesem Sinne, als Vertreter der königlichen Ordnung, ist seine Anwesenheit in der Expedition zu sehen. Auch die metaphorische Rolle des *šmsw* in der Erzählung liegt darin begründet, die als die eines Vertreters der geistigen Ordnung verstanden werden kann.

Der Gegenspieler wird zweimal als *ḥ3tj-ᶜ* angeredet. Die Bezeichnung ist in der Verwaltung gut belegt und wird vom Leiter einer sozialen Einheit geführt. Entsprechend findet sie sich vor allem für "Bürgermeister", d.h. Leiter von Siedlungen[21]. Es ist wesentlich, daß diese Siedlungen keine Königsgründungen sind, sowie auch die Tatsache, daß die *ḥ3tj-ᶜ* zur Lokalverwaltung und nicht zur Königsverwaltung gehören[22]. Als Leiter einer Siedlung ist die Teilnahme an einer Expedition kaum verständlich[23].

---

19 Vgl. Faulkner, JEA 39, 1953, 38 f.

20 Siehe dazu Goedicke, Königliche Dokumente aus dem Alten Reich 48 ff.

21 Vgl. Helck, Zur Verwaltung des Mittleren und Neuen Reichs 209 ff.

22 Zur Trennung der beiden Verwaltungsbereiche vgl. Goedicke, MDIK 21, 1966, 12 f.; 71.

23 E.Brunner-Traut, a.a.O. 253 will annehmen, daß der *ḥ3tj-ᶜ* "wahrscheinlich ein Prinz von Elephantine, der aus Nubien zurückkehrt" ist, wofür aber der Text keine Bestätigung bietet. Helck, a.a.O. 209 will in *ḥ3tj-ᶜ* einen Militärkommandanten sehen.

Es ist daher auch nicht verwunderlich, daß die Bezeichnung *ḥ3tj-ᶜ* in den Expeditionsinschriften wohl als ein Titelelement[24], nicht aber als Bezeichnung des Expeditionsleiters vorkommt[25]. Daraus kann nur geschlossen werden, daß die Leitung von Expeditionen nicht die übliche Tätigkeit des *ḥ3tj-ᶜ* war. Ihn mit dem Transport der Expedition, d.h. der Schiffsreise, in Zusammenhang zu bringen, ist gleicherweise unangebracht, da *ḥ3tj-ᶜ* nicht als Bezeichnung eines Schiffskapitäns nachgewiesen ist. Aus diesen Beobachtungen ergeben sich zwei Schlüsse: 1. *Ḥ3tj-ᶜ* kann nicht als Hinweis auf einen bestimmten Funktionär in der Expedition angesehen werden. 2. Der Titel kann hier nur als rhetorische Anredeform gebraucht sein[26]. Da es eine nur hier belegte und daher nicht allgemein übliche Anredeform ist, erhebt sich die Frage, was zur Wahl von *ḥ3tj-ᶜ* geführt hat. Die Gründe können nur im inneren Aufbau der Erzählung gesucht werden, bzw. in der beabsichtigten Aussage. Den Reisegenossen als "Bürgermeister", d.h. als Leiter einer oder der Siedlungsgemeinschaft, anzusprechen, ist m.E. eine Metapher für den existentiellen Aspekt des Menschen, dem seine geistige Orientierung in der Gestalt des *šmsw* gegenübergestellt ist. Mit Hilfe der gewählten Bezeichnungen wird auch das gegenseitige Verhältnis der beiden Aspekte ausgedrückt. Der *ḥ3tj-ᶜ*, der Verantwortliche der Lebensgemeinschaft, ist im existentiellen Bereich der Führende, hat aber entsprechend auch die Verantwortung für diesen Bereich zu tragen. Es ist auf diese Weise mit großer Feinheit das innere Verhältnis des geistigen Bereichs des Menschen gegen dessen existentiellen Aspekt abgesteckt. Beiden kommt gleiche Bedeutung zu, indem beide für ein harmonisches Leben wesentlich sind und erst in ihrem Zusammenklang die Erfüllung des Menschlichen bringen[27]. Damit ist in der Wahl der beiden Akteure das Thema der Dichtung erstellt.

---

24 Vgl. Černý, The Inscriptions of Sinai II 230; Montet, Les inscriptions du Ouâdi Hammâmât 135; Goyon, Nouvelles inscriptions rupestres du Wadi Hammamat 177.

25 Die einzige mir bekannte Ausnahme ist Sinai Nr. 1 b aus der Zeit des Königs Semerchet.

26 So auch erklärt von Grapow, Wie die alten Ägypter sich anredeten . . . II 37.

27 Die Finesse der Formulierung ist für uns nur schwer nachzuempfinden. Sie findet sich in der Gegenüberstellung der den beiden Aspekten zugeeigneten Kräfte, wie m.E. *i͗zwt* und *mšᶜ* zu verstehen sind. Erstere

DIE FOLGEN DER HEIMKEHR (Zl. 12-21)

Während die bevorstehende Ankunft das Thema der ersten Rede des "Gefolgsmannes" ist, führt deren erfolgreicher Vollzug zur zweiten Rede, in der die Folgen der Ankunft zur Sprache kommen (Zl. 12-21):

"Höre auf mich, o Leiter! Ich bin ohne Übertreibung. Wasche dich! Gib Wasser auf deine Finger! Dann mögest du antworten, was du gefragt wirst! Mögest du zum König gefaßten Herzens reden und antworten ohne zu zögern! Der Mund eines Menschen kann ihn bewahren und seine Rede veranlaßt Nachsicht zu ihm! Handle nach deinem Herzensbedürfnis! Ein Ermüdeter ist es, der zu dir spricht!"

Die zweite Rede wird allgemein als guter Rat des Untergebenen an seinen Vorgesetzten angesehen, daß er bei seiner Berichterstattung Selbstvertrauen haben solle. Abschließend entschuldigt er sich für diese reichlich anmaßende Einstellung. Eine derartige Auffassung der Stelle ist schwer mit dem Bild der Gesellschaftsordnung in Einklang zu bringen, wie sie in den Weisheitstexten dargestellt wird. Besonders unpassend muß die Entschuldigung am Ende der Aussage anmuten, die den kontinuierlichen Aufbau der Erzählung völlig zerreißt. In manchen Übersetzungen wird der letzte Satz als Absage zu weiterer Rede angesehen[28], was völlig widersinnig erscheinen muß, da ja der *šmsw* anschließend seine Erlebnisse berichtet, also weiterredet. Der Abschnitt enthält wohl einige Schwierigkeiten, die durch die ungewöhnliche Idiomatik bedingt sind. Davon abgesehen ist der Grundcharakter eindeutig. Die bevorstehende Berichterstattung ist doppelter Art. Einerseits gehört sie zur direkten Anwendung der Erzählung, andererseits spiegelt sie den eschatologischen Charakter der übertragenen

---

möchte ich mit dem *ḥ3tj-ʿ* verbinden und in ihnen entsprechend eine Metapher für die Körperkräfte, d.h. die Bewegung Schaffenden, sehen. Ob darüber hinaus auch noch Wortspiele mit *ỉswt* "Alter" mitschwingen, halte ich für möglich, ohne daß eine Entscheidung getroffen werden kann. Entsprechend sind dann in  die geistig-moralischen Kräfte zu sehen, wobei aber die Unsicherheit der Lesung die Deutung im Einzelnen behindert.

28 Erman, Literatur 58 "es macht müde, zu dir zu reden"; Schott, a.a.O. 170 "es ermüdet, dir zuzureden"; E.Brunner-Traut, a.a.O. "es ermüdet, dir (immer weiter) zuzureden."

Bedeutung der Erzählung wider. Die erste ist m.E. dahingehend zu verstehen, daß man vor der Verantwortung keine Angst haben, sondern zu seinen Taten stehen soll. Es besteht dabei gar keine Notwendigkeit, aus der Ängstlichkeit des *ḥ3tj-*^{c} auf einen erfolglosen Verlauf der Expedition zu schließen. Es ist vielmehr die reine Scheu vor der Gegenüberstellung, die beherrschend ist und die wir in ähnlicher Weise als psychisches Versagen in der Erzählung des Sinuhe beschrieben finden[29]. Der metaphorische Inhalt dieses Abschnitts ist m.E. ein eindeutiger Verweis auf das dem Diesseits folgende Totengericht. Wir treffen diese Vorstellung voll ausgebildet in der Lehre für König Merikare^{c} (P. 53-57), ohne daß eine direkte Verbindung mit Osiris besteht[30]. Die Situation ist hier auffallend ähnlich, indem auch hier keine spezifisch osirianischen Züge hervortreten, es sei denn, man interpretiert die Metapher "König" in dieser Weise. Dieser Abschnitt bestätigt die bereits oben unterbreitete eschatologische Interpretation, daß die Reise in die Ferne dem irdischen Dasein entspricht, das im Tode, d.h. in der Landung, seinen Abschluß findet.

Der Ausdruck *šw m h3w* ist dreimal aus der Regierung von Sesostris I. belegt: Urk.VII 62,5; 66,3; Louvre C 168,3[31]. Ob dieser zeitlich beschränkten Verwendung irgendwelche Bedeutung für die Datierung unseres Textes zukommt, muß unsicher bleiben.

Die recht eigenartige Aufforderung, sich zu reinigen und Wasser auf die Finger zu geben, hat bisher keine Beachtung gefunden. Sie wirkt pleonastisch, da ja die Reinigung die Benetzung der Finger einschließen sollte. Gerade im Mittleren Reich findet sich wiederholt die Aussage, daß jemandes Finger rein sind[32], und es läßt sich daher eine zeitlich gebundene idiomatische Eigenheit vermuten. Auch in diesem Fall liegt ein doppelter Sinn vor. Es ist dies die rituelle Vorbereitung, sowohl für die Audienz als auch im eschatologischen Sinn. Trotzdem bleibt m.E. ein ungelöster Rest, indem die Aufforderung zur Reinigung von einem Konsekutivsatz (*ἰḥ wšb.k*) gefolgt wird[33]. Für uns scheint keine direkte Folge zwischen

29 Insbesondere in Sinuhe B 254 F; 261.

30 Vgl. Spiegel, Die Idee vom Totengericht 28 f.

31 Vgl. Janssen, De traditioneele Egyptische autobiografie voor het Nieuwe Rijk I VI J 25; II 207.

32 Vgl. *w^{c}b ḏb^{c}w* in Bersheh II pl. VII,9; Wien 35 (RT 12, 1890, 15); Kairo 20538 II 7; sowie *twr ḏb^{c}w* Berlin 1204,17.

33 Gardiner, Egyptian Grammar[3] § 228.

den beiden Gedanken zu bestehen, es sei denn, die Reinigung ist hier generell zu verstehen. Es scheint daher besser, *ỉḫ* hortativ als Einleitung der drei innerlich zusammengehörigen Sätze zu betrachten, wodurch der Widerspruch gelöst wird. Die drei Sätze sind sich so ähnlich, daß kaum ein Unterschied zwischen ihnen erkennbar ist. Die offensichtliche Häufung kann daher als Betonung verstanden werden. Es liegt geradezu auf der Hand, daß hier eines der wesentlichen Anliegen der Dichtung zur Sprache kommt. Die Erklärung des letzten Gliedes stammt von Gardiner, ZAS 45 (1908) 60; zu *nitỉt* vgl. auch CT II 188 b; 189 a. Die Argumentation wird durch das Zitat zweier Sprichwörter zusätzlich gestützt; vgl. dazu Gunn, JEA 12, 1926, 282 ff.

Die beiden abschließenden Sätze wurden von Gardiner[34] mit "(but) do as thou willst; to tell (it) to thee is to weary (thee)" übersetzt, was allgemein übernommen wurde[35]. Eine solche Erklärung der Stelle führt zu einem offenen Widerspruch. Weder wird auf diese Weise das Vorhergehende zusammengefaßt, noch kann es als Überleitung zu der langen Erzählung der Erlebnisse führen, die zweifelsohne Teil der Argumentation ist. Die beiden Sätze können daher nicht in abfälliger Weise verstanden werden; vielmehr ist in ihnen eine Zusammenfassung der in der Einleitung enthaltenen Rede zu sehen. *ʾIr rk m ḫrt-ỉb* ist daher m.E. als Aufforderung zu verstehen, das zu tun, was dem Herzen eigen bzw. entsprechend ist. Das *m* ist von Blackman[36] als die Partikel  erklärt worden, was aber unwahrscheinlich ist. Es ist wohl eher an die von James aufgezeigte Konstruktion zu denken[37], in der ein scheinbar direktes Objekt durch *m* eingeführt wird. Zu *ḫrt-ỉb* vgl. Sinuhe B 125-126, sowie Bauer B 1,38, 40[38].

34 ZAS 45, 1908, 61.

35 Golenischeff, Le conte du naufragé 34, 179 "agis d'après l'impulsion de ton coeur! Il est inutile de te le dire"; Erman, Literatur 58 "Du wirst tun, was du willst; es macht müde, zu dir zu reden"; Vikentiev, a.a.O. 25 "but as thou desirest; to tell it to thee, is to weary thee"; Lefebvre, Romans et Contes 33 "agis (néanmoins) à ta guise, cela va sans dire", bzw. "ce serait (te) fatiguer que de te dire (cela)"; Schott, a.a.O. "Doch, verfahre nach Deinem Belieben. Es ermüdet, Dir zuzureden"; E.Brunner-Traut, a.a.O. "Doch tu, was du willst, es ermüdet, dir (immer weiter) zuzureden".

36 BIFAO 30, 1930 101.

37 Hekanakhte Papers 104.

38 Vgl. Vogelsang, Kommentar zu den Klagen des Bauern 60; Piankoff, Le Coeur 128.

Die Verbindung mit dem Herzen ist hier wohl schon im Sinne des späteren Totengerichts zu verstehen, in dem das Herz über das irdische Leben Rechnung ablegt[39]. *Srwḏ* ist m.W. noch in Pap. Kahun 36,7 belegt[40]. M.E. ist *srwḏ* hier als passives Partizip zu verstehen, d.h. als "einer der müde gemacht wurde", ein "Ermüdeter"[41]. Der Ausdruck verweist auf den Sprecher, der sich auf diese Weise beschreibt. Der Sinn scheint ein Hinweis auf das vorgerückte Alter bzw. auf die reiche Erfahrung zu sein[42]; daneben steht die metaphorische Bedeutung, daß der *šmsw* vom irdischen Wandel müde gemacht wurde und der Heimkehr entgegensieht. Im direkten Aufbau der Erzählung enthält die Feststellung eine Betonung der Erfahrung, die dem erteilten Rat zusätzliches Gewicht gibt[43].

DIE GESCHICHTE DES GEFOLGSMANNES (Zl. 21-30)

Nach dieser direkten Stellungnahme erzählt der *šmsw* seine Erlebnisse, die nicht nur den Hauptteil der Dichtung ausmachen, sondern darüber hinaus die spezifische Moral des Dialogs illustrieren. Die einzelnen Abschnitte, die in der folgenden Diskussion eingehalten sind, werden durch Rubren gekennzeichnet (Zl. 21-30):

"Ich will dir nun ein entsprechendes Gleichnis erzählen, das mit mir selbst geschah. Ich war unterwegs zum Erzland für den Herrscher. Ich war zur See gegangen in einem Schiff von 120 Ellen in seiner Länge und 40 Ellen in seiner Breite. 120 Matrosen waren darin vom Besten Ägyptens. Sie erkannten den Himmel und sie erkannten Land und ihr Sinn war unerschrockener als der von Löwen."

---

39 Vgl. Spiegel, a.a.O 63 ff; Grieshammer, Das Jenseitsgericht in den Sargtexten 51 ff; Kees, Totenglaube und Jenseitsvorstellungen 105 f.

40 Griffith, Hieratic Papyri from Kahun and Garob pl.XXXVI. Der Zusammenhang ist zerstört, scheint aber ähnlich unserer Stelle "du veranlaßt, daß ... müde gemacht wird" zu lauten.

41 Trotz der Ähnlichkeit ist die Bezeichnung von dem häufigen *wrḏ* "Müder" zu trennen, das statischen, bzw. qualitativen Charakter hat.

42 Vgl. Ptahhotep 12 *pḥtj.ỉ 3k wrḏ ỉb.ỉ* "meine Kräfte sind geschwunden und mein Herz ist müde".

43 Vgl. unten S. 81.

Die Verwendung von *sḏd* zeigt an, daß die anschließende Erzählung kein Bericht, sondern eine Belehrung ist. Das Verbum wird auch in Zl. 125, 139, 142 und 124 gebraucht; vgl. auch Ptahhotep 591 und 594, wo der didaktische Charakter besonders deutlich ist. Obwohl die Ableitung des Wortes *mỉtt* als Abstraktum von der Nisbe *mỉtj* naheliegend scheinen mag, ist eine derartige Erklärung doch nicht haltbar. Das Wort ist hier, wie auch in anderen Fällen[44], eindeutig als Maskulinum behandelt. Eine Ableitung von *mỉtj* könnte nur feminin sein, so daß ein anderer Ursprung angenommen werden muß. Diesen möchte ich in dem Verbum *twt* "gleich sein" (Wb.V 257) sehen, das auch eine enttonte Form () hat[45]. Eine Ableitung davon durch ein *m*-Präfix[46] entspricht nicht nur der Bedeutung des Wortes, sondern auch seinen grammatikalischen Eigenheiten. Zu *ḫpr m-ꜥ* vgl. Gardiner, Egyptian Grammar[3] § 178,4, der "happen through, i.e. 'be done by'" übersetzt. Da jedoch der *šmsw* in der Erzählung eine passive und keine aktive Rolle hat, befriedigt die vorgeschlagene Übersetzung nicht[47]. Der innere Widerspruch wurde zuerst von Devaud[48] vermerkt, dessen Ansicht in den späteren Übersetzungen gefolgt wurde[49]. Die Widersprüche lösen sich, wenn man *m-ꜥ* in der gut belegten Bedeutung "zusammen mit" bzw. genauer "in Gegenwart von" auffaßt[50] und entsprechend *ḫpr m-ꜥ* "geschehen in Gegenwart von jemd." übersetzt.

---

44 Vgl. die Diskussion von Erman, ZAS 43, 1906, 6 g. Das von der Nisbe abgeleitete Femininum kommt in CT I 84 c vor.

45 Vgl. Faulkner, Hieroglyphic Dictionary 302; Edel, ZAS 79, 1954, 75.

46 Grapow, Über die Wortbildungen mit einem Präfix m- im Ägyptischen, ABAW 1914,5.

47 Vgl. auch Lebensmüder 10 *nn ḫpr m-ꜥ.f*, was Faulkner, JEA 42, 1956, 21 "it will not succeed ... " übersetzt, nachdem Gunn, Studies in Egyptian Syntax 145,1 den Ausdruck als "he by whose agency (things) come to pass" erklärte. Vgl. Ferner Erman, Das Gespräch eines Lebensmüden mit seiner Seele, ABAW 1896, 21 und Goedicke, The Report about the Dispute of a Man with his *Ba* 91.

48 RT 38,1917, 193, der *ḫpr m-ꜥ* einem *ḫpr n* gleichsetzt entgegen Gardiner, ZAS 45, 1908,61, der sich gegen eine Übersetzung "das mir selbst geschehen ist" aussprach.

49 Eine Ausnahme bildet Vikentiev, a.a.O., der die Stelle "let me relate to thee the like thereof what was done by myself" übersetzt, und somit Gardiner folgt.

50 Gardiner, Egyptian Grammar[3] § 178.1. Eine derartige Erklärung wird durch Zl. 125 bestärkt und hat eine Parallele in CT I 384 b.

Die beiden Pseudopartizipien könnten als Umstandssatz verstanden werden, doch ist eine unabhängige Verwendung wohl vorzuziehen; vgl. Gardiner, Egyptian Grammar^{3} § 312.3. Erman's ursprüngliche Übersetzung "Bergwerk des Königs"[51] wurde bis in jüngste Zeit beibehalten und darin die Bezeichnung einer dem Herrscher gehörigen Kupfermine gesehen, die im Sinai lokalisiert wurde[52]. Černý[53] hat nun gezeigt, daß *n ỉtj* dativisch zu verstehen ist, die Mine somit kein königlicher Besitz war. Dadurch werden die Möglichkeiten der geographischen Identifizierung wesentlich erweitert. *Bj3* () ist erstmals im Brief von Pepi II. an Herchuf (Urk.I 130,15) belegt, wo es zusammen mit Punt als Herkunft seltener und geschätzter Gaben genannt wird. Die zeitlich nächste Nennung, jedoch als *bj3w* () ist in der bekannten Inschrift des *Ḫtj*[54]. Dort ist es m.E. im Sinne von "Bergwerksgebieten" zu verstehen, was auch durch die damit verbundene Nennung von Bergen von *Ṯnḥt* nahegelegt wird[55]. Daß *bj3*

51 Erman, ZAS 43, 1906, 6; Golenischeff, a.a.O. 61; Vikentiev, a.a.O. 26; Lefèbvre, a.a.O. 33; Schott, a.a.O.

52 So bereits Erman. Diese Auffassung wurde insbesondere von Gardiner, JEA 4, 1918, 36 vertreten, wobei er es sowohl mit  in der Inschrift eines *Ḫtj* der 11. Dynastie wie auch mit  in den Sinai-Inschriften Nr. 53, 90, 139 zusammenbringt.

53 Inscriptions of Sinai II 2.

54 JEA 4, 1918, 36 "Ich war ein Schatzmeister des Gottes beim Anwerben der Fremdländer. Als ich in *bj3w* war, inspizierte ich es und ich durchwanderte die Berge von *Ṯnḥt*. Als ich im Dienste des Nord(herrschers) war, da siegelte ich für seinen Schatz in jenem Berg und für den Tempel von Serabit. Ich produzierte Türkis dort in der Mine 'Haus des Schemaj'". Für andere Übersetzungen vgl. Gardiner, a.a.O. 35 und Schenkel, Memphis-Herakleopolis-Theben 283 (Nr.477), der dafür "Ich bin ein Gottessiegler beim Niederwerfen der Fremdländer. Ich war im Sinai (?); ich besichtigte ihn, ich reiste in den Ländern der *Ṯnḥt* herum. Ich war in den Domänen der *Mḥtj*, ich nahm seine Schatzkammern an jenem Berg der Domäne 'Horus der Türkisterassen' unter Verschluß, ich trug (?) Türkis daraus weg (?) aus dem Steinbruch der Domäne des *Šm3-j*" gibt.

55 Die Lokalisierung von *Ṯnḥt* ist bisher nicht gelungen. Es gehört sicher nicht zum Türkisgebiet in Sinai's Osthälfte und mag vielleicht mit dem Kupferbergbaugebiet um Timnah zusammenhängen.

eher generelle als topographische Bedeutung hat, ergibt sich auch aus Sinai Nr. 90[56], das mit "Die Majestät . . . sandte . . . *Ḥr-wr-Rꜥ* zu diesem *bjꜣ*" beginnt. Die Verwendung des Demonstrativs führt zwangsläufig zur Übersetzung "Bergwerksgebiet"[57]. In Verbindung mit dem Demonstrativ kommt *bjꜣ* auch in Sinai Nr. 53, 117 und 409 vor, während Sinai Nr. 141, ähnlich unserer Erzählung, *ỉj.n.ỉ r bjꜣ n nb.ỉ* "ich kam zum Bergbaugebiet für meinen Herrn" hat[58]. Schließlich ist noch BM 569 hier zu nennen[59], wo das Nebeneinander von Gold und Türkis die Identifizierung von *bjꜣ* als Sinai ausschließt. Faßt man die Nachweise von *bjꜣ* zusammen, so ergibt sich, daß das Wort generelle Bedeutung hat und als Bezeichnung von Bergwerksgebieten dient. Aus diesem Grunde kann es für den Sinai verwendet werden, ohne deshalb ein geographischer Spezialausdruck zu sein[60].

Die Diskussion des Wortes *bjꜣ* führte uns weit von der Geschichte des Schiffbrüchigen fort. Sie war aber erforderlich für die Erstellung der Bedeutung von *bjꜣ* im Text. Einerseits enthält es die Möglichkeit eines geographischen Hinweises, andererseits erlaubt es eine metaphorische Deutung. Letztere ist wohl als Hinweis auf den mundanen Bereich zu sehen, der hier einem Bergwerk verglichen wird[61]. Die geographische Identifizierung basiert auf der Nennung des "Herrschers von Punt" (Zl. 151), die als Herrschaftsanspruch gesehen zu einer Lokalisierung der Schiffsreise im Roten Meer führte. Von dieser Basis ausgehend hat dann

---

56 Gardiner-Peet-Černý, The Inscriptions of Sinai I pl.XXVI, II 9,97; vgl. dazu Goedicke, The Inscription of *Ḥr-wr-rꜥ*, MDIK 18, 1962, 14 ff.

57 So auch Černý, a.a.O., der dafür "mining district" gibt.

58 Siehe Černý, a.a.O. 1

59 Hieroglyphic Texts II 19; vgl. auch Černý, a.a.O. 2.

60 Auch Černý, a.a.O. 2 kommt zu ähnlichen Schlüssen und findet es "wiser while awaiting further evidence to cleave to the old rendering "Mining-country!" Trotzdem wird *bjꜣ* noch immer gerne als Name für den Sinai angesehen; z.B. Harris, Lexicographical Studies in Ancient Egyptian Minerals 62.

61 Ein vergleichbares Konzept findet sich in Lebensmüder 136; vgl. dazu Goedicke, The Report about the Dispute of a Man with his *Ba* 174 f. Ein Zusammenhang mit dem in der Totenliteratur geläufigen Ausdruck *bỉj* ist möglich, jedoch nicht sicher.

Wainwright[62] eine Identifizierung mit der Insel Zeberged nahe dem Ras Benas, dem Vorgebirge bei Berenike, vorgeschlagen. Insbesondere deren vulkanische Struktur spricht für eine derartige Identifizierung, was durch die später beschriebenen Produkte (Zl. 162 ff.) weiter bestärkt scheint. Die Bezeichnung des Reiseziels als *bj3* steht in keinem Widerspruch dazu, wenngleich es befremden mag, daß man zum Serabit el Hadîm eine maritime Unternehmung startete[63]. Es wird jedoch immer außer acht gelassen, daß nicht die Türkisminen, sondern die großen Kupferminen bei Timna gemeint sein könnten[64]. Als Herkunft von Kupfer ist Timna wahrscheinlicher als die Minen von Maghâra, die kaum genügend ergiebig waren und im Mittleren Reich auch nicht mehr ausgebeutet wurden[65]. Um nach Timna zu gelangen, war der Seeweg praktisch die einzige Möglichkeit.

Daß die Reise keine eng begrenzte Küstenschiffahrt war, wird durch die angegebenen Dimensionen des benützten Schiffes bewiesen. Mit ca. 60 Meter Länge und 20 Meter Breite war es ein wahrlich stattliches Schiff[66]. Die Besatzung von 120 Mann muß beeindrucken, wenn man bedenkt, daß es ein Segelschiff war. Die nautischen Qualitäten der Besatzung werden besonders betont: *m3.sn pt m3.sn t3* ist m.E. als Hinweis auf die meteorologischen und geographischen Fähigkeiten zu verstehen, d.h. daß sie die Phänomene am Himmel wie auch das Panorama der Küsten zu deuten verstanden[67]. *Mᶜk3* kommt sonst nur noch in der Wiederholung in Zl. 96 und in Zl. 99 vor.

---

62 Zeberged: The Shipwrecked Sailor's Island, JEA 32, 1946, 31 ff. Vgl. auch Lefèbvre, Romans et Contes 30.

63 Sinai Nr. 25 mag einen Hinweis bieten, daß die Ägypter auch den Seeweg mit Überquerung des Golfs von Suez benutzten, während Sinai Nr. 90 deutlich auf die Benutzung der Landroute verweist; vgl. auch Černý, a.a.O. 11 ff.

64 In der 19. und 20. Dynastie bestand dort ein ägyptischer Tempel, dessen Publikation Professor Schulman durchführen will.

65 Vgl. Černý, a.a.O. 6

66 Ein Schiff mit denselben Dimensionen wird in Urk.IV 56,13-14 erwähnt.

67 Die seit Erman ("sie beschauten den Himmel, sie beschauten das Land") übliche Übersetzung bringt die nautische Bedeutung nicht klar genug zum Ausdruck. Für *m33* im Sinne des optischen Erkennens vgl. Wb.II 8,11.

SCHIFFBRUCH UND ERRETTUNG DES GEFOLGSMANNES (Zl. 30-46)

Nach der allgemeinen Einleitung folgt die Beschreibung des Schiffbruchs und der Errettung (Zl. 30-46)[68]:

"Sie konnten einen Sturm vorhersagen, ehe er gekommen war, und ein Unwetter, ehe es geschah. Ein Sturm entstand, während wir auf See waren, bevor wir Land erreichen konnten. Der Wind raste, und er machte Böen und Wellen von 8 Ellen darin. Dann kam eine riesige (Welle) gegen mich. Als das Schiff sich aufstellte, starben die Insassen, ohne daß ein einziger übrig geblieben wäre. Ich aber wurde durch eine Meereswelle zu einer Insel gespült. Ich verbrachte drei Tage dort allein, mit meinem Herzen als (alleinigem) Genossen. Ich verbrachte die Nacht im Inneren von einem Versteck von Bäumen, und ich umarmte den Schatten. Dann machte ich mich auf, um ausfindig zu machen, was ich in meinen Mund geben könnte."

Die Verbindung mit dem Vorhergehenden wird durch die Erwähnung der besonderen nautischen Fähigkeit der Seeleute erreicht, ein Unwetter vorherzusagen[69]. Zur Konstruktion *n sḏm.t.f* siehe Satzinger, Die negativen Konstruktionen im Alt- und Mittelägyptischen § 39.

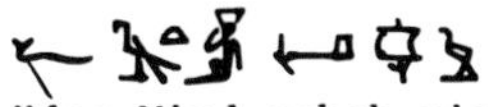 ist unterschiedlich erklärt worden. Erman übersetzte "der Wind erhob sich (?)", dem Golenischeff, a.a.O.74, mit "le vent fut levé" folgte. Er sah darin die Form *sḏm.tw* und übernahm den Vorschlag Sethe's[70], hier den Ausdruck *f3j ṯ3w* "segeln" zu sehen. Während kein Zweifel bestehen kann, daß hier der Ausdruck *f3j ṯ3w* vorliegt[71], bestehen doch Schwierigkeiten in der Erklärung der Verbalform[72]. Die Erklärung

---

68 Für ein mögliches Nachwirken der Stelle vgl. Simpson JAOS 78, 1958, 50.

69 Das perfektische *sr.sn* ist vielleicht besser mit "sie sagten einen Sturm voraus" zu übersetzen.

70 ZAS 44, 1907, 82.

71 Zu *f3j ṯ3w* vgl. die Diskussion bei Devaud, RT 38, 1916, 195, sowie Montet, Scènes de la vie privée 348 ff. und Boreaux, Études nautiques

72 Golenischeff's Erklärung wurde von Erman, Literatur 58 ("man segelte weiter"), Lefèbvre ("on continua de naviguer"), E.Brunner-Traut ("man segelte weiter") übernommen, doch findet sie sich nicht in den Grammatiken. Andererseits übersetzte Blackman, JEA 16, 1930, 68 "we flew before the wind".

als *sḏm.tw* entstammt einer falschen Auffassung des Idioms, indem übersehen wurde, daß *ṯ3w* das Subjekt ist. Entsprechend kann hier kein unpersönliches oder passives *sḏm.tw* vorliegen; die einzig mögliche Erklärung des *t* ist durch ein *sḏm.t.f* mit *ṯ3w* als Subjekt. Der Ausdruck ist wörtlich als "der Wind trägt" zu verstehen, wobei hier durch die Verwendung des *sḏm.t.f* eine zusätzliche Betonung dieser Tatsache beabsichtigt erscheint. Es ist vermutlich kaum an segeln gedacht, sondern eher an ein Dahintreiben vor dem Wind. Daß *ṯ3w* Subjekt ist, wird auch durch das anschließende *ỉrj.f wḥmjt* bestärkt, in dem *ṯ3w* weiterhin Subjekt ist. Blackman, a.a.O. gab dafür "it made a howling (?)", während Vikentiev, BIFAO 35 (1935) 26 es mit dem Folgenden zu "it made a repetition of waves of 8 cubits" verbindet. Andererseits übersetzt Lefèbvre "l'orage redoubla", was von Brunner-Traut als "der Wind verdoppelte sich" übernommen wurde. *Wḥm* bedeutet grundsätzlich "wiederholen", was aber nur im konsekutiven Sinn zu einer Verdopplung führen kann, nicht aber zu einer qualitativen Verstärkung. Daher ist Lefèbvre abzulehnen, wie auch Blackman's Übersetzung, die wohl vom Determinativ abgeleitet ist. Das Wort ist m.E. mit *wḥmjt* in Chaᶜ-cheper-reᶜ-seneb rt.2[73] zu verbinden, das deutlich als "Wiederholungen" zu erkennen ist. In Verbindung mit dem Sturm möchte ich diese "Wiederholungen" als "Böen" oder als "Wirbel" bzw. "Wasserhose" übersetzen[74]. Eine derartige Interpretation scheint besonders dann berechtigt, wenn man *wḥmjt nwjt* als Kompositum mit der wörtlichen Bedeutung "Wiederholung des Wasserwirbels", d.h. "Wasserhose" ansieht. *Nwjt* wird Wb.II 221,14 ff. mit der Bedeutung "Wasser, Flut" bzw. "Wellen" angeführt, was in einigen Fällen nicht befriedigt, indem eine Übersetzung "Wasserstrudel o.a." angebrachter erscheinen würde. So in Bauer B 1,59, wo Vergleiche mit verschiedenen Gefahren der Seefahrt gemacht werden (*nn ỉṯj ṯw nwt* "nicht wird dich der Wasserstrudel packen können"), bzw. Urk.IV 113,17 (*sḳdj.k nwjt nwj* "mögest du den

---

73 Gardiner, Admonitions of an Egyptian Sage 97 f. Die Verbindung wird auch von Gardiner in Betracht gezogen, wie auch in Wb.I 334,5-6, doch wird dort unsere Stelle fälschlich als "Losbrechen des Sturmes" verstanden.

74 Schott, a.a.O. 170 übersetzt "die Gewalt des Windes schuf einen Wirbel".

Wasserstrudel der Flut befahren"). Wie Wainwright[75] mit Hilfe des Red Sea Pilot erstellte, sind Wasserhosen im Roten Meer nicht selten.

Eine Erklärung von *wḥmjt nwjt* als "Wasserhose" würde wesentlich zum Verständnis des nachfolgenden Satzes beitragen. Erman, Literatur 58 gab dafür "ein Holzstück war es, das mir sie ..." Blackman[76] setzte sich mit dieser Stelle auseinander und las sie *ỉn ḫt ḥḥ n.ỉ s(y)* "the mast struck it (the wave, i.e. went overbord) for me" und meint, daß "otherwise the sailor would have gone down in the ship". Zieht man jedoch einige Faktoren in Betracht, wird eine solche Erklärung unhaltbar. Erstens haben wir keinen Anlaß anzunehmen, daß man unter Deck reiste, zweitens müßte eine Welle, die den Mastbaum brach[77], derartige Kräfte haben, daß ihr kein Mensch hätte widerstehen können. Die andere Erklärung, daß der Mann von einem herumschwimmenden Holzstück getroffen über Bord ging, ist gleicher Weise unhaltbar. Erstens wurde keine Situation beschrieben, die ein solches Holzstück erklären könnte, noch paßt die dativische Konstruktion; man würde dann vielmehr die übliche transitive Verwendung von *ḥwj* erwarten.

Die Konstruktion der Stelle als *ỉn* + Substantiv + perfektisches aktives Partizip kann als sicher angesehen werden[78]. *Ḫt* muß entsprechend als Subjekt verstanden werden. Das Verbum  ist trotz der Schreibung wohl mit *ḥwj* zu identifizieren, es sei denn, das Berlin 7798 belegte

75 JEA 32, 1946, 35 aufgrund eines Vorschlags von Vikentiev, Voyage vers l'île lointaine 14 f., der darauf hinwies, daß eine Welle von 4 Meter einem Schiff von den beschriebenen Ausmaßen kaum gefährlich sein könnte.

76 JEA 16, 1930, 68. Seine Auffassung wurde von Vikentiev, BIFAO 35, 1935, 26 ("and the /broken/ mast, it carried it to me"), Schott ("der Mastbaum zerschlug sie (vor) mir") und E.Brunner-Traut ("der Mastbaum schlug sie mir zwar nieder") übernommen, während Lefèbvre, a.a.O. 34,12 zum Teil wieder zu Erman zurückkehrte und "une pièce de bois me l'aplatit a force de coupe" übersetzte, wofür er eine umständliche Erklärung benötigte.

77 Bei der Größe des Schiffes muß man wohl einen Mastbaum von beachtlichen Ausmaßen annehmen.

78 Vgl. Gardiner, Egyptian Grammar[3] §§ 227.3; 373.

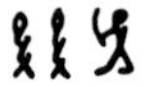 ist eine selbständige Nebenform[79]. Letzteres wird vom Fließen des Nils gebraucht und ist somit mit *ḥwj* "fließen" (Wb.III 48,16 ff.) zu verbinden, das in erster Linie intransitiv gebraucht wird. In Pap.d'Orbiney 10,6 und Wenamun 1,x-14 wird es für das Meer gebraucht, das Wellen schlägt. Es ist in diesem Sinne, daß m.E. die Stelle hier zu verstehen ist, was wesentlich besseren Sinn ergibt als das bisher angenommene transitive *ḥwj* "schlagen". Die Schwierigkeit einer derartigen Erklärung ist das Wort *ḫt*, da es m.W. keine passende Wortbedeutung gibt. Zwei Möglichkeiten scheinen mir akzeptabel. Entweder könnte *ḫt* ein von *ḫt* "Baum" abgeleiteter bildhafter Ausdruck für den über das Wasser jagenden Wirbel sein oder *ḫt* ist hier das Maß von 100 Ellen[80]. Von den beiden möchte ich letzteres vorziehen und darin einen summarischen Ausdruck für ein großes Ausmaß sehen[81]. Wenn man *ḫt* als Teil eines eliptischen Ausdrucks **nwjt nt ḫt*, wörtlich "Welle von 100 Ellen" versteht, erklärt sich die Verwendung von *ḥḥ/ḥwj* "fließen" widerspruchslos, insbesondere auch der damit verbundene Dativ.

Die Annahme eines intransitiven Verbums macht ein Objekt überflüssig, so daß es nicht nötig ist, *s* in ein Objektspronomen zu emendieren. Es gehört vielmehr mit dem Nachfolgenden zusammen und ist *sꜥḥꜥ.n dpt mt ntjw ỉm.s n zp wꜥ ỉm* "als das Schiff sich aufrichtete, starben, die darin waren, und nicht einer davon blieb übrig" zu lesen. Bisher wurde die Stelle, insbesondere aufgrund von Blackman's Diskussion "then the ship perished and of them that were therin not one survived"[82] übersetzt.

---

79 Ägyptische Inschriften Berlin I 265.

80 Vgl. Hammamat 114.

81 Summarische Größenbezeichnungen finden sich im Ägyptischen in der Form von *ḫ3* 1 000, *ḏbꜥ* 10 000, *ḥf3* 100 000 und *ḥḥ* 1 000 000; vgl. Sethe, Von Zahlen und Zahlworten 41.

82 JEA 16, 1930, 68. Ähnlich Schott, a.a.O. "Doch sank das Schiff. Von denen, die in ihm waren, blieb keiner übrig außer mir", Lefèbvre, a.a.O. "puis le navire périt, et de ceux qui étaient à bord il ne resta pas un seul" und E.Brunner-Traut, a.a.O. "aber dann sank das Schiff doch. Keiner von denen, die in ihm waren, blieb übrig (außer mir)". Die Auffassung geht wohl auf die Worttrennung durch Erman, ZAS 43, 1906, 7 zurück, die auch von Blackman, Middle Egyptian Stories (Bibliotheca Aegyptiaca) 42 und de Buck, Egyptian Readingbook 100,16 beibehalten wurde.

Die Konstruktion wurde als *ʿḥʿ.n* mit nominalem Subjekt + Pseudopartizip erklärt und für *m(w)t* eine defektive Schreibung der Femininendung angenommen[83]. Abgesehen von der Notwendigkeit, in diesem Fall eine Emendierung vornehmen zu müssen, sind Zweifel an der angenommenen Konstruktion *ʿḥʿ.n.f* + Pseudopartizip mit nominalem Subjekt vorzubringen. Außer in der vorliegenden Stelle wird sie in Urk.VII 16, 14-15[84] und in Urk.V 53,7[85] angenommen, doch können beide Stellen besser in anderer Weise erklärt werden. So weit erkennbar, kommt diese Verbfolge nur mit pronominalem Subjekt vor und ist auch dann nicht als zusammengesetzte Verbalform, sondern vielmehr als zwei aufeinander folgende verbale Aussagen zu verstehen. Daraus muß der Schluß gezogen werden, daß *mt* nicht Pseudopartizip, sondern

---

83 Die Erklärung stammt von Sethe, ZAS 44, 1907, 82 f. und wurde von Gardiner, Egyptian Grammar³ § 482.2 sowie Lefèbvre, Grammaire² §§ 337, 667 übernommen.

84 *ʿḥʿ.n ḥʿprw wrw ḫpr nbw ỉt bdtj nbw ḫt nb* wurde von de Buck, On the Meaning of the Name *Ḥʿpj*, Orientalia Neerlandica 14 "then came great Inundations, possessors of barley and spelt, possessors of all things" übersetzt (ähnlich auch Lefebvre, a.a.O. § 667), was entweder *nbw ỉt* als Apposition zu *ḥʿprw* ansieht, d.h. die Überschwemmungen als Besitzer von Getreide betrachtet, oder aber in einem überhängenden Subjekt resultiert. Da im anschließenden Satz festgestellt wird, daß die auf dem Landbesitz lastenden Rückstände nicht eingefordert wurden, scheint mir die einzig mögliche Übersetzung der Stelle als "wenn hohe Überschwemmungen entstanden und es Besitzer von Korn und Spelt und Besitzer von allerlei Dingen gab, nicht zog ich die Rückstände des Feldbesitzes ein". Es sind somit zwei getrennte Verbalsätze anzunehmen und kein Pseudopartizip.

85 Der Satz ist der Abschluß einer Glosse am Ende eines Textabschnitts: *ỉr grt grḥ pf n ʿḥ3-ʿ ʿḳ.sn pw m ỉ3btt nt pt ʿḥʿ n ʿḥ3-ʿ ḫpr m pt m t3 r-ḏr.f*, was von Grapow "Aber jene Nacht des Kampfes, das bedeutet, sie drangen ein in den Osten des Himmels: da entstand ein Kampf im Himmel und in der ganzen Welt" übersetzt wurde. In ähnlicher Weise versteht es Allen, The Egyptian Book of the Dead 95 "As for 'that night of battle', that was the gaining of access to it, (namely) the east of the sky. Then a great battle took place in the sky and in the whole earth." Syntaktisch wie inhaltlich bleiben die beiden Übersetzungen ungereimt. Während *ʿḳ.sn pw* im Glossenstil einen

ein *sḏm.f* mit *ntjw* als Subjekt ist[86]. *Mt* ist somit als Intransitivum "sterben" zu verstehen[87] und ist hier nicht metaphorisch gebraucht[88]. Diese Erklärung der Stelle wird durch den nachfolgenden Satz bestätigt. Wenn *ntjw ỉm.s* wirklich antizipatorisch zu *wꜥ ỉm* gehören würde, müßte es durch *ỉm.sn* und nicht durch *ỉm* wiederaufgenommen werden[89].

Die Stelle ist somit in drei Sätze zu teilen: *sꜥḥꜥ.n dpt/ mt ntjw ỉm.s/ n zp wꜥ ỉm* und entsprechend "als das Schiff sich aufrichtete, starben, die darin waren; nicht blieb einer dabei übrig" zu übersetzen. Das kausative *sꜥḥꜥ* kann hier reflexiv oder aber in seiner Grundbedeutung verstanden werden[90]. Die Feststellung ist in erster Linie als Temporalsatz zu werten[91], wobei es logisch ist, daß das aus Holz gebaute Schiff aus der Woge wieder auftauchte.

Die Ankunft auf der Insel wird mit Hilfe von *ꜥḥꜥ.n.f* + Pseudopartizip formuliert, um den neuen Gedankenabschnitt zu kennzeichnen[92]. Die ersten drei Tage werden in ihrer Verlassenheit ausführlich beschrieben, wobei die angegebenen Einzelheiten unterschiedlich erklärt wurden. Erman, Literatur 58, übersetzt "ich brachte dort drei Tage zu, allein und nur

---

Nominalsatz bildet, würde die angenommene Konstruktion diese Stileigenheit durchbrechen. Es ist m.E. daher besser, den Text in zwei Sätze zu teilen: erstens die Glosse "Bezüglich jener Nacht des Kampfes - ihr Eindringen in den Osten des Himmels ist es" und zweitens eine katechetische Anmerkung in der Form einer Aufforderung "Steh' auf zum Kampf, der im Himmel und der ganzen Erde existiert!"

86 Die Parallele in Zl. 106 hat statt dessen eine *sḏm.t.f* Form.

87 Wb.II 165 f.

88 Wb.II 166,7; Grapow, Die bildlichen Ausdrücke des Aegyptischen 138.

89 Gardiner, Egyptian Grammar[3] § 147.4 in der Diskussion der Stelle nimmt an, daß das adverbiale *ỉm* einem *ỉm.sn* entspricht, ohne dies weiter zu erhärten.

90 Vgl. dazu Westendorf, Der Gebrauch des Passivs 36; Edel, Altägyptische Grammatik § 440; Westendorf, Grammatik der Medizinischen Texte § 468.

91 Zur Verwendung des *sḏm.n.f* als Temporalsatz, wenn es von einem *sḏm.f* gefolgt wird vgl. Gardiner, a.a.O. § 414.2.

92 Vgl. Gardiner, a.a.O. § 482.2.

mit meinem Herzen als Genossen. Ich schlief unter einem Baumdach (?) und umarmte den Schatten"; Blackman, JEA 16 (1930) 68 f. gibt "and I spent three days alone, with mine heart (only) as my companion, lying helpless within the crow's-nest, for I had swooned"; Vikentiev, BIFAO 35 (1935) 26 f. "I spent 3 days alone, my heart being my (sole) companion. Lying in a thicket I embraced the shadow"; Lefèbvre, op.cit. 34 "je passai trois jours seul, n'ayant que mon coeur pour compagnon; gisant inerte sous l'abri formé par un arbre (?), j'étreignis l'ombre"; Brunner-Traut, a.a.O. 6 "ich verbrachte dort drei Tage allein, nur mit meinem Herzen als Gefährten. Ich ruhte unter einem Baumdach und blieb im Umkreis des Schattens".

Besonders im zweiten Teil gehen die Ansichten weit auseinander. Blackman's Erklärung hat keinen Anklang gefunden, indem sie unglaubwürdig ist. Daß jemand einen Schiffbruch im Ausguck überleben könnte, ist unwahrscheinlich. *Ḳ3p n ḫt* könnte man wohl mit "Baumdach" übersetzen, doch besteht die Gefahr, daß der deutsche Ausdruck ausschlaggebend beeinflußt. *Ḳ3p* ist wohl grundsätzlich als "Versteck" zu verstehen[93], wobei *n ḫt* als Qualifikation zu werten ist. Da "Versteck eines Baumes" wenig sinnvoll erscheint[94], mag man "Versteck aus Holz" vorziehen und dabei an einen primitiven Unterschlupf aus Treibholz vom zerstörten Schiff denken[95]. Auch dies befriedigt wenig,und es erscheint besser, *ḫt* hier kollektiv bzw. metaphorisch aufzufassen[96]. Das abschließende *ḳnj.n.ἰ šwjt* fand weite Unterschiede in der Erklärung. Erman, a.a.O. verstand es als "ich suchte ihn (den Schatten) auf", was in ähnlicher Weise auch Lefèbvre

93 Das Wort ist insbesondere im Mittleren Reich gut belegt; vgl. u.a. Brunner, Die Hieroglyphen für "räuchern", "bedecken", "Handfläche" und die ihnen entsprechenden Wörter, NAWG 1965,3, 84.

94 *Ḫt* kollektiv als "Bäume" zu verstehen, geht kaum an. Andererseits mag hier vielleicht an die Bedeutungserweiterung "Wald" gedacht werden; vgl. dazu Gardiner, Ancient Egyptian Onomastica I 12*.

95 Die genitivische Konstruktion *m ẖnw n* legt eine Übersetzung "im Innern von" nahe, was eher an ein räumlich begrenztes Lokal als an eine unbestimmte Situation denken läßt, wie sie ein Versteck unter Bäumen darstellen würde. Blackman, JEA 16, 1930, 68 f. wollte *ḳ3p n ḫt* als "Ausguck" (crow's nest) verstehen, was aber nicht überzeugen kann.

96 Zur metaphorischen Verwendung von *ḫt* "Holz", vgl. Lebensmüder 21.

vermutete[97]. Andererseits dachte Blackman bei "I embraced the shadow" an ein Idiom für "I had swooned". Ein Hinweis auf Bewußtlosigkeit wäre jedoch in direktem Gegensatz zu der vorhergehenden Aussage "mein Herz (= Verstand) als mein einziger Genosse". Da unsere Stelle davon spricht, wie der Schiffbrüchige die Nacht verbrachte, möchte ich *ḳnj.n.ỉ šwjt* wörtlich als "ich umarmte den Schatten" verstehen, d.h. es gab sonst niemand zu umarmen, was die Verlassenheit illustrieren soll[98].

DIE ERSTE EXKURSION DES SCHIFFBRÜCHIGEN (Zl. 47-56)

Die erste Exkursion auf der Suche nach Eßbarem bildet den nächsten Abschnitt (Zl. 47-56):

"Ich fand Feigen und Weintrauben dort und allerlei eßbares Gemüse. Es gab dort gekerbte und ungekerbte Sykomorenfrüchte sowie Rosinen,wie gemacht. Es gab Fische und Geflügel dort. Nicht gibt es etwas, das es nicht in ihr (der Insel) gab. Und dann,als ich mich gesättigt hatte, endete ich das Zittern um meine Glieder. Ich nahm vielmehr Feuerholz, schlug Feuer und machte ein Brandopfer für die Götter."

Feigen und Weintrauben werden in Ägypten seit dem Alten Reich gerne gemeinsam genannt und dienen als Bild für die Produktivität eines Landes[99]. *ꜣIꜣkt* ist von Loret, RT 16 (1892) 1 ff. als "Lauch" identifiziert worden, doch hat bereits Dévaud, RT 38 (1916) 195 vorgeschlagen, es hier allgemeiner im Sinne von "Gemüse" zu verstehen, was auch allgemein Nachfolge fand. Es ist aber vermutlich doch im Sinne von Zwiebelpflanzen spezifisch zu nehmen, wobei insbesondere deren Bedeutung in der ägyptischen Diät berücksichtigt werden muß[100]. *Špst* ist hier im erweiterten Sinn von

97 A.a.O. 34,13 "je recherchai l'ombre, je l'accueillis avec plaisir."

98 Für *ḳnj* im amurösen Sinn vgl. Wb.V 50,9. Zur Stelle vgl. auch Edfu VI 66,10-11 "der allein schläft und mit seinem Herzen spricht".

99 Vgl. insbesondere Urk.I 103,14.

100 Siehe dazu Keimer, Materialien zum altägyptischen Zwiebelkult, Egyptian Religion 1, 1933, 52 ff.; Keimer, Die Gartenpflanzen im alten Ägypten.

"brauchbar" bzw. "eßbar" zu verstehen[101]. Die unterschiedlichen Arten der Sykomorenfrüchte hat Keimer, Acta Orientalia 6 (1928) 288 besprochen. *šspt mỉ* 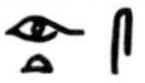 wurde zuerst von Erman, ZÄS 43 (1906) 9 als "Gurken" identifiziert, was seither beibehalten wurde, obwohl die Nennung einer bestimmten Gemüsesorte nicht recht in den Zusammenhang paßt. Der angeschlossene Vergleich wurde zuerst von Blackman, JEA 16 (1930) 69, als passives *ỉr.t(w).s* "as though they were tended" erklärt, was seither übernommen worden ist[102]. Im Hinblick auf das Determinativ und den Zusammenhang ist *šspt* vermutlich besser mit dem Wb.IV 537,3 genannten Wort zu identifizieren, das von Jongckheere[103] als "Trockenfrüchte" erklärt worden ist.  muß kein passives *sḏm.f* sein, sondern kann auch als Infinitiv "wie sie gemacht sind" verstanden werden[104]. Die Stelle ist wohl dahingehend zu verstehen, daß der Schiffbrüchige getrocknete Früchte fand, wie man sie künstlich bereitet. Zu der Zusammenfassung vgl. auch Satzinger, Die negativen Konstruktionen § 52.

 wurde von Erman, ZÄS 43 (1906) 9 "und ließ (noch) liegen, weil es zu viel auf meinen Armen war" übersetzt,

---

101 Wb.IV 447,2-3 übersetzt "köstlich", was aber wenig Sinn ergibt. Dies gilt auch für Admonitions 3,5 *ssnḏm šps* "brauchbares Akkazia-Holz"; vgl. das englische "valuable food".

1o2 Lefèbvre, Grammaire § 752 "comme s'ils ètaient cultivés", sowie Westendorf, Der Gebrauch des Passivs 88, § 3.28.2.

103 Le Papyrus medical Chester Beatty 30. Vgl. auch v.Deines-Grapow, Wörterbuch der ägyptischen Drogennamen 506.

104 Zum scheinbar passiven Gebrauch des Infinitivs vgl. Westendorf, Der Gebrauch des Passivs 140 ff., der sich gegen die von Gunn, Studies in Egyptian Syntax 66 ff. vertretene Annahme einer selbständigen Form ausspricht und dies auf semantische Aspekte zurückführt; vgl. auch Gardiner, Egyptian Grammar³ § 298. Die von Blackman, JEA 16, 1930, 69, vorgeschlagene Bedeutung "to cultivate" für *ỉrj* trifft in keinem der drei angeführten Belege zu: Pap. Millingen 2,11 "Ich war einer, der Gerste schuf" (Volten, Zwei Politische Schriften 115); Urk.IV 116,14 "deine Versorgung soll sein von dem, was du bereitet hast"; Urk.IV 132,1o "Ich pflügte mit meinem Joch Ochsen im Feld meiner eigenen Erwerbung".

was allgemein übernommen wurde[105]. Grundsätzliche grammatikalische Einwände müssen gegen eine solche Erklärung vorgebracht werden. Eine grammatikalische Analyse der allgemein gebrauchten Übersetzung fehlt. Es hat den Anschein, daß *wr* als *sḏm.f* angesehen wird, doch fehlt dazu das Subjekt. *Ḥr* *ᶜwj.ỉ* kann nur als präpositioneller Ausdruck erklärt werden; wäre es Subjekt, müßte **ḥrjt-ᶜwj.ỉ* gebraucht sein; eine Konstruktion mit *sḏm.f* ist in diesem Falle nicht wahrscheinlich. Schließlich darf nicht übersehen werden, daß die allgemeine Auffassung der Stelle eine verschwenderische Einstellung des Schiffbrüchigen impliziert, was im Widerspruch zur Moral der Komposition stehen würde. Diese Einwände lösen sich, wenn man die Stelle als *ᶜḥᶜ.n ss3.n(.ỉ) wj rdj.n.ỉ r t3 nwr ḥr ᶜwj.ỉ* "und dann, als ich mich gesättigt hatte, endete ich das Zittern um meine Glieder" liest. Daß hier ein neuer Gedankenabschnitt vorliegt, ist durch das einleitende *ᶜḥᶜ.n* verdeutlicht, das wiederholt in diesem Sinn verwendet wird[106]. *Rdj r t3* ist ähnlich in Lebensmüder 109 gebraucht[107]. Die gewöhnliche Wortfolge ist m.E. durch die zweimalige adverbiale Bestimmung bedingt; vgl. Gardiner, a.a.O. § 507.2. Zu *nwr*, vgl. Wb.II 222,9 ff.[108] und Sethe, Kommentar Pyramidentexte III 88.

Diese Erklärung der Stelle wird durch den dadurch geschaffenen harmonischen Aufbau der Erzählung bestärkt. Nachdem der Schiffbrüchige sich gesättigt hat, überwindet er die Angst um das nackte Leben, die ihn erfaßt hatte. Das Zeichen seiner wiedergefundenen Fassung ist seine religiöse Besinnung, die in dem Brandopfer ihren Ausdruck findet[109]. Diese wiedergefundene Fassung wird im Folgenden auf die Probe gestellt (Zl. 56-66):

---

105 Lefèbvre, Grammaire § 735,a "je rejetai la terre (une partie de ces vivres), parce que (c')était beaucoup (trop) sur mes mains".

106 Zl. 45, 56, 76 etc.; vgl. auch Gardiner, Egyptian Grammar[3] § 478.

107 Vgl. Goedicke, The Report about the Dispute of a Man with his *Ba* 161.

108 Das Wort gehört vermutlich mit *nrw* "Schrecken" zusammen, das mit *ḥr* konstruiert wird (Wb.II 277,7 + Urk.I 41,17).

109 Die spezifische Art des Opfers ist sicherlich bedeutungsvoll. Zu *zbj n sḏt* vgl. auch Schott, Das schöne Fest vom Wüstentale, AMAW 1952,11 780.

DAS ERSCHEINEN DER SCHLANGE (Zl. 56-66)

"Da hörte ich donnernden Lärm. Während ich vermutete,'das ist die Brandung des Meeres!', krachten die Bäume und die Erde bebte. Als ich mein Gesicht enthüllte, fand ich,'es ist eine Schlange',und sie ist im Kommen. Sie hatte 30 Ellen,und ihre Spur war über 2 Ellen; ihr Leib schillernd in Gold,und ihre Zeichnung war (von der Farbe von) echtem Lapislazuli. Sie war kundig im voraus".

Für *ḫrw* "Lärm, Geräusch", vgl. auch Sinuhe B 24; Admonitions 6,1; Westcar 12,1. *W3w n W3ḏ-wr*, hier wie in Zl. 40, kann als "Welle" oder allgemeiner als "Brandung" verstanden werden. Im Hinblick auf den damit verbundenen Lärm ist letzteres naheliegender. Recht ungewöhnlich ist *kf3.n.ỉ ḥr.ỉ*, über dessen wörtliche Bedeutung "als ich mein Gesicht enthüllte" allgemeine Übereinstimmung herrscht[110]. Die Annahme mag naheliegend erscheinen, daß der Schiffbrüchige in seiner Angst sein Gesicht verbarg[111]. Der Text enthält aber keinen Hinweis dieser Art, auch bliebe es unklar, warum er dann sein Gesicht doch wieder enthüllte. Daher ist wohl einer metaphorischen Auffassung des Ausdrucks der Vorzug gegenüber einer wörtlichen Erklärung zu geben im Sinne von "als ich meine Sicht klärte", d.h. als dem Schiffbrüchigen klar wurde, was geschah[112]. Die Entdeckung wird in zwei Sätzen zum Ausdruck gebracht, die parataktisch nebeneinandergestellt sind, wobei der eine prinzipiellen, der andere spezifischen Aussagewert hat[113]. Zu der Maßangabe vgl. Gardiner, Egyptian Grammar^3

---

110 Die Erklärung als Umstandssatz folgt mehr dem modernen Sprachgefühl als der genauen Formulierung der Stelle. Erman und Vikentiev nahmen es auch als Aussage.

111 Erman, Literatur 59,1 und Lefebvre, Romans et Contes 35,17 interpretieren die Stelle in diesem Sinn.

112 Die metaphorische Verwendung von *ḥr* findet sich auch in *ṯ3m-ḥr* und *ḥbs-ḥr*; siehe dazu oben Zl. 21 und M.Lichtheim, The Expressions *ṯ3m-ḥr* und *ḥbs-ḥr*, Studies in Honor of John A. Wilson 65 f., die jedoch *ḥr* wörtlich nimmt.

113 Diese Art der zweiaspektischen Aussageweise ist ein häufiges Phänomen ägyptischer Stilistik, das ungenügend geklärt ist. Sie findet sich z.B. im dritten Gedicht des Lebensmüden (Zl. 130 ff.). Die Erklärung unserer Stelle in Lefèbvre, Grammaire § 663 wird der spezifischen Struktur nicht gerecht.

§ 114.2. Erstaunlich bleibt die Feststellung, daß die Schlange ein *ḫbzwt* von über 2 Ellen hat. Sethe[114] hat daher die Vermutung ausgesprochen, daß *ḫbzwt* nicht "Bart", sondern "Schwanz" bedeute, wogegen sich jedoch Golenischeff[115] und Gardiner[116] wandten. Da bei einer Schlange kaum ein "Schwanz" vom Körper unterschieden werden kann, bleibt diese Erklärung so wenig überzeugend, wie die als "Bart", es sei denn, man möchte ein mythologisches Wesen annehmen, wofür jedoch wenig Veranlassung vorliegt. Die ansprechendste Erklärung stammt von Vikentiev[117], der es mit "trail" übersetzte. Seine Ableitung des Wortes ist wenig überzeugend, da vermutlich ein erweiterter Gebrauch der Bedeutung "Schwanz" vorliegt[118]. Dazu würde auch die Maßangabe *wr r mḥ 2* "größer als 2 Ellen" passen, das im Gegensatz zu den sonst üblichen präzisen Maßen steht[119]. Gerade für die Beschreibung einer "Spur" scheint die extensive Messung angebracht[120].

---

114 ZAS 44, 1907, 83.

115 Le conte du naufragé 153 f. Zur Unterstützung nennt er TR 52 = CT III 352 c *ỉj.n.ỉ ḏꜥr.ỉ ḫbswt tw nt Rꜥ-ỉtm ỉṯjt hrw pw (ỉ)n sbjt* "Ich bin gekommen, damit ich das *hbzwt* des Reꜥ-Atum ausfindig mache, das heute durch den Bösen geraubt wurde". Im vollen Wortlaut unterstützt die Stelle weder die Übersetzung "Bart" oder "Schwanz". Dies gilt in gleicher Weise für CT IV 112 e *ỉrj.n.ỉ ḫbzt.i ỉw.ỉ ḫpr.kwỉ m Ḥꜥpj* "Ich machte mein *ḫbzt*, wenn ich in das Überschwemmungswasser verwandelt bin".

116 Ancient Egyptian Onomastica II 238*.

117 BIFAO 35, 1935, 16 f.

118 Man vergleiche dazu die Verwendung von *rd* "Fuß" für "Fußspur" in dem Ausdruck *ỉnj rd* "die Fußspur verwischen"; siehe dazu Junker, Gîza III 110; Nelson, JEA 35, 1949, 82 ff.

119 Eine Reihe von Momenten läßt sich zur Unterstützung anführen. So die Reihung der Angaben, indem es widersinnig wäre, wenn nach dem Körpermaß eine Beschreibung des "Bartes" käme, auch würde man erwarten, daß die Längenangabe mit Hilfe von *ꜣw* "lang sein" erfolgen würde. Auch stilistische Momente können angeführt werden; die Stelle enthält zwei Maßangaben und zwei Farbangaben, so daß zusammengehörige Paarungen angenommen werden können.

120 Eine Spur von über einem Meter würde in den Proportionen für eine Schlange von 15 Metern angebracht sein.

Die physische Beschreibung enthält zwei Angaben, deren erste den Körper betrifft. *Ḥʿw.f sẖrw m nwb* wird allgemein "ihr Körper war mit Gold überzogen"[121] übersetzt. Dies ist selbstverständlich nicht materiell, sondern bildlich zu verstehen, wie es auch von der Sonne gebraucht wird, "die die Erde mit Gold bedeckt"[122]. Die Beschreibung ist daher wohl als Hinweis auf die glänzend schillernde Schlangenhaut zu verstehen.  wird meist [123] als defektive Schreibung für *ỉnḥ* "Augenbraue" oder *ỉwn* "Farbe" angesehen, dem ich mit gewissen Modifikationen folgen möchte. Schlangen haben bekanntlich keine Augenbrauen, was einem ägyptischen Publikum sicherlich bekannt war. Daher möchte ich *ỉn* hier doch mit *ỉwn* "Farbe" zusammenbringen und darin einen Hinweis auf die "Zeichnung" des Schlangenkörpers sehen. Sethe's[124] Deutung der Stelle ist von Gardiner[125] zurückgewiesen worden, dessen Erklärung der ungewöhnlichen Schreibung[126] als *ḫsbḏ mȝʿ* allgemein Anklang gefunden hat. Die Nennung von "echtem

121 Erman, ZAS 43, 1906, 10; etc. z.B. Lefèbvre, Romans et Contes 35 "ses membres étaient plaqués d'or".

122 Vgl. Grapow, Die bildlichen Ausdrücke des Aegyptischen 58. Die Beschreibung des alternden Reʿ im Buch von der Himmelskuh 2 u.a. als "sein Fleisch war Gold, seine Gebeine Silber und sein Haar echtes Lapislazuli" könnte hier als Einwand gebracht werden, doch haben wir keinen Anlaß, die hier beschriebene Schlange als mythologisches Wesen zu verstehen.

123 Erman übersetzte "Augenbrauen", was von Gardiner, ZAS 45, 1908, 61 gefolgt wurde, um dann von Lefèbvre ("sourcils") und E.Brunner-Traut übernommen zu werden. Die Verbindung mit *ỉnḥ* wird von Faulkner, Concise Dictionary 23, als wahrscheinlich angenommen. Golenischeff wollte in dem Wort "la langue fendue" sehen, während Vikentiev, a.a.O. 37 es als "breast-plates" übersetzt. Wb.I 93,1 sieht es als "ein doppelter Körperteil der Schlange", weist aber in einer weiteren Eintragung auf die seit der 18. Dynastie belegte Schreibung für *ỉwn* "Farbe" hin.

124 ZAS 44, 1907, 83.

125 ZAS 45, 1908, 61.

126 Vgl. dazu auch Vogelsang, Kommentar zu den Klagen des Bauern (Unters.VI) 57.

Lapislazuli" ist hier selbstverständlich als Farbangabe zu werten[127] und nicht als Hinweis auf wunderbare Eigenschaften der Schlange.

Der abschließende Satz *ᶜrḳ sw r ḫnt* wurde zuerst von Erman als "sie krümmte sich vorwärts" übersetzt, was in den meisten Übersetzungen übernommen wurde[128]. Die Konstruktion ist eindeutig ein Nominalsatz mit prädikativem Adjektiv und wurde entsprechend von U.Heckel[129] eingeordnet. Ihre Übersetzung "sie ist aufgebogen nach vorne" versucht wohl den grammatikalischen Eigenheiten gerecht zu werden, ist aber aus semantischen Gründen unhaltbar. *ᶜrḳ* ist nach Wb.I 211,16 ff. ein transitives Verbum und wird für "krumm ziehen von Schiffen" bzw. für "umwinden" sowie "anlegen von Gewändern" gebraucht. Ein Nachweis als Eigenschaftswort fehlt, wie es auch unmöglich ist, ein Verbum der Bewegung in der *nfr-sw* Konstruktion zu erwarten. Schließlich kann das adverbiale *r-ḫnt* nicht mit "in front" (Faulkner) übersetzt werden, sondern enthält eine Ausrichtung, wie sie auch von U.Heckel durch "nach vorne" wiedergegeben wird, was aber wenig Sinn ergibt. Gardiner[130] erkannte richtig die Struktur des Satzes und die Notwendigkeit, *ᶜrḳ* als das Eigenschaftsverbum "weise, erfahren[131] zu identifizieren. Er sah grundsätzlich drei Übersetzungsmöglichkeiten: 1. "it was exceedingly wise"; 2. "it was wise beforehand"; 3. "it was outwardly perfect", von denen er die erste wählte. Die Parallelen für *r-ḫnt*[132] haben wohl alle räumliche Bedeutung, doch ist im Hinblick auf andere Fälle von räumlicher und zeitlicher Anwendung von Adverbien

---

127 Vgl. Schenkel, ZAS 88, 1963, 142. Wenngleich kaum eine zoologische Beschreibung einer bestimmten Spezies vorliegt, so kann man eine gewisse Kenntnis von boaartigen Schlangen kaum von der Hand weisen.

128 Lefèbvre "il s'avançait prudement (?)"; E.Brunner-Traut "sie wand sich heran".

129 Studien zum Eigenschaftsverbum im Altägyptischen, ZAS 82, 1957, 39. Ähnlich auch Faulkner, Concise Dictionary 45 "he was bent up in front".

130 ZAS 45, 1908, 62. Später scheint er seine Ansicht geändert zu haben, zumindest findet sich kein Hinweis in seiner Grammatik. Nur Vikentiev, BIFAO 35, 1935, 27 ("he was perfect to the utmost") folgte Gardiner.

131 Wb.I 212,10; vgl. dazu auch Gardiner, Admonitions of an Egyptian Sage 107.

132 Vgl. Lebensmüder 82, 131; Admonitions 6,10.

vielleicht eher der zweiten von Gardiner's Übersetzungen ("und er war kundig im voraus") der Vorzug zu geben. Wenn in dieser Weise verstanden, bildet der Satz eine Überleitung[133] zum nächsten Abschnitt (Zl. 67-80):

DIE ERSTE REDE DER SCHLANGE (Zl. 67-80)

"Sie öffnete ihren Mund, während ich vor ihr auf meinem Bauche war, und sie sagte zu mir: 'Wer hat dich gebracht, Kleiner! Wer brachte dich? Wenn du zögerst, mir zu sagen, wer dich zu dieser Insel brachte, werde ich dich erkennen lassen, daß du ein zu Strafender bist, nachdem du wo bist, das man nicht sehen soll!' Während sie zu mir sprach, nicht war ich es, während ich es hörte. Ich war vor ihr, doch war ich meiner nicht bewußt. Da setzte sie mich in ihren Mund und nahm mich zu ihrem Wohnplatz. Und sie legte mich weg, ohne mich zu berühren, während ich froh war, daß man sich meiner nicht bemächtigte".

Die Übersetzungen dieses Abschnitts stimmen weitgehend überein und folgen Erman's[134] "Sie öffnete ihren Mund gegen mich, indem ich vor ihr auf dem Bauche lag, und sagte zu mir: Wer hat dich hergebracht? Wer hat dich

---

133 Diese Art der stilistischen Verbindung findet sich wiederholt in der Erzählung.

134 ZAS 43, 1906, 11; ähnlich Lefèbvre, Romans et Contes 35 "Il ouvrit sa bouche vers moi tandis que j'étais sur mon ventre devant lui, en me disant: 'Qui t'a amené (ici), qui t'a amené, petit? Qui t'a amené? Si tu tardes à me dire qui t'a amené dans cette île, je ferai que tu t'apercoives, ayant été reduit en cendres, que tu es devenue quelque chose qu'on ne peut plus voir'. (Je repondis:): 'Tu me parles et moi je ne saisis pas ce (que tu me dis): je suis devant toi et j'ai perdu le sentiment" und E.Brunner-Traut, a.a.O. 6 f. "Sie öffnete ihren Mund gegen mich, während ich vor ihr auf dem Bauche lag, und sprach zu mir: 'Wer hat dich hierhergebracht, wer hat dich hierhergebracht, du Wicht? Wer hat dich hierhergebracht? Wenn du mir nicht gleich sagst, wer dich zu dieser Insel gebracht hat, werde ich dafür sorgen, daß du dich kennenlernst; daß du, wenn du zu Asche gemacht bist, etwas geworden bist, was man nicht mehr sehen kann. (Ich antwortete): 'Du sprichst zu mir, aber ich kann es nicht hören. Da ich vor dir bin, weiß ich nichts mehr von mir".

hergebracht, du Kleiner? Wer hat dich hergebracht? Wenn du mir nicht gleich sagst, wer dich auf diese Insel gebracht hat, so sollst du sehen, wie du zu Asche gebrannt wirst, indem du zu etwas Unsichtbarem geworden bist. - Du redest zu mir, ohne daß ich es höre, ich bin vor dir und (du?) kennst mich nicht". Der Abschnitt wird dabei in zwei Reden geteilt, von denen die eine die Fragen der Schlange, die andere die Antwort des Schiffbrüchigen enthalten soll. Dagegen sind grundsätzliche grammatikalische sowie auch inhaltliche Momente vorzubringen, wie sie zuerst von Gardiner[135] ausgesprochen wurden. Es ist vor allem geradezu unvorstellbar, daß die für den Aufbau der Dichtung wichtige Antwort des Schiffbrüchigen ohne Einleitung erfolgen sollte. Man vergleiche dazu die detaillierte Einleitung der Antwort in Zl. 86 ff. Gardiner's Erklärung erscheint daher die einzig mögliche und wird auch durch die von ihm herangezogene ähnliche Beschreibung in Sinuhe B 1,252 f. gestützt[136]. Bereits in der Rahmenerzählung wurde die Notwendigkeit,bewußt zu handeln, betont, was hier erneut, wie in der Sinuhe-Erzählung, besonders zur Sprache kommt. Zu erwähnen ist besonders der Satz *nn wj ḥr sḏm.ỉ st*, in dem seit Erman[137] das Suffix nach *sḏm* als überflüssig gestrichen und der Satz als Pseudoverbalsatz angesehen wird[138]. Es liegt hier jedoch ein Ausdruck der Nichtexistenz in der Form *nn* + Personalpronomen vor[139] mit nachfolgendem

---

135 ZAS 45, 1908, 62 ff., der das auf die Rede der Schlange Folgende als Beschreibung der Gefühle des Schiffbrüchigen auffaßte und zwei dementsprechende Emendierungen vornahm. In seiner Erklärung wurde er von Vikentiev, BIFAO 35, 1935, 28, sowie von Blackman, Middle Egyptian Stories (Bibliotheca Aegyptiaca) 43 a gefolgt, nachdem er JEA 16, 1930, 69 f. es noch als Rede verstanden hatte.

136 Es ist die Szene, wie Sinuhe in Audienz vor dem König seiner Sinne nicht mächtig ist: "Ich fand seine Majestät auf dem großen Thron, in einer Aura von Gold; während ich ausgestreckt war auf meinem Bauch, wußte ich nichts von mir vor ihm". Die Ähnlichkeit legt einen direkten Zusammenhang nahe, entweder durch literarischen Einfluß oder in der Form von identischer Autorschaft.

137 ZAS 43, 1906, 11; Gardiner, ZAS 45, 1908, 63; idem, Egyptian Grammar[3] § 334; Blackman, Middle Egyptian Stories 43, 13.

138 Gardiner, a.a.O.; Lefèbvre, Grammaire § 660; in beiden Fällen ist es das einzige Beispiel.

139 Vgl. Gunn, Studies in Egyptian Syntax 142; Satzinger, Die negativen Konstruktionen § 51.

ḥr + *sḏm.f*[140]. Eine derartige Erklärung wird nicht nur den grammatikalischen, sondern auch den inhaltlichen Momenten besser gerecht als die bisherige Auffassung.

Die Rede der Schlange gliedert sich in zwei Teile. Der erste ist eine zweifach gestellte Frage, während der andere allgemein als eine Drohung aufgefaßt wird. Zur Frage vgl. Gardiner, Egyptian Grammar[3] § 227.3 und Grapow, Wie die alten Ägypter sich anredeten ... IV 25. Das *zp 2* nach der ersten Frage hat wohl nur exklamatorischen Wert[141]. Bemerkenswert ist die Anrede *nḏs* für den Schiffbrüchigen, die auch in Zl. 84, 112, 158 gebraucht wird. Grapow[142] sieht darin eine Betonung des Gegensatzes zu der Größe der Schlange. Da *nḏs* in beiden Gleichnissen im "Lebensmüden" (Zl. 68,80) als Bezeichnung des "Freien" bzw. des Prototyps des Bürgers gebraucht wird, scheint eine solche Verwendung auch hier naheliegend[143].

Die auf die Frage folgende Drohung wird durch eine Stellungnahme gegen jegliche Verzögerung in der Antwort eingeleitet; zur Konstruktion von *wdf* vgl. Gardiner, Egyptian Grammar[3] § 352 und Lefèbvre, Grammaire[2] § 727 a. Es wird allgemein angenommen[144], daß dem Schiffbrüchigen Verbrennen angedroht wird. Die dagegensprechenden Argumente sind zum Teil rein semantischer Art. *Rdj.ỉ rḫ.k ṯw* bedeutet wörtlich "ich werde veranlassen, daß du dich erkennst", was durch Erman's Übertragung als "so sollst du sehen" eine völlig andere Bedeutung erhielt, die das Ägyptische nicht hat. Es liegt hier vielmehr eine Aufforderung zu Selbsterkenntnis vor, was als Thema den ganzen Text, angefangen von der Rahmenerzählung, durchläuft. *ʾIw.k m zz* ist der Inhalt der zu erzielenden Erkenntnis, was die bisherige Erklärung "daß du Asche bist" von vornherein ausschließt. Als Metapher scheint die bisherige Erklärung durch den in

---

140 Zur Konstruktion vgl. Gardiner, a.a.O. § 165.11; Berlin 8869.

141 Vgl. Wessetzky, Über die Verwendung des Schriftzeichens *sp 2*, Oriens Antiquus, 5-12, 1945, 147-151; Schott, "Zweimal" als Ausrufungszeichen, ZAS 79,1954, 54 ff.

142 A.a.O. II 36.

143 Die Betonung dieses Begriffs in den beiden Dichtungen gehört zu jenen Momenten, die für deren enge Zusammengehörigkeit sprechen.

144 Z.B. Lefèbvre, Romans et Contes 35,19 "je ferai que tu te connaisses alors que tu seras en cendres, étant devenu comme un (être) qu'on ne voit plus. Il menace de l'anéantir".

der 19. Dynastie aufkommenden Ausdruck "zu Asche (*ssf*) werden" für einen Gegner gerechtfertigt. Die Metapher drückt jedoch keine absolute Vernichtung aus, wie allgemein angenommen wird, sondern ist in ihrem Gebrauch sehr beschränkt. Wie an anderer Stelle ausgeführt wird[145], besagt sie, daß Personen aufgrund ihrer feindlichen Handlungen straffällig wurden, d.h., daß ihre Handlungsweise eine Bestrafung rechtfertigt. Der Ausdruck ist eigentlich keine echte Metapher, sondern ist vielmehr eine Entwicklung von *zz*, bzw. *ỉzz*, das in den Pyramidentexten mit der Bedeutung "straffällig sein" vorkommt[146]. Diese Bedeutung liegt m.E. auch hier vor,und es ist entsprechend "daß du ein Straffälliger bist" zu übersetzen. Dies eröffnet das Verständnis des daran anschließenden negierten Satzes, der bisher Schwierigkeiten bereitete[147]. Eine passive Erklärung[148] scheint naheliegend, doch ist auch die Möglichkeit eines negierten *sḏm.t.f* nicht völlig von der Hand zu weisen[149]. Der Schlüssel zum Verständnis liegt in dem Relativpronomen *ntj*, das allgemein auf die Person des Schiffbrüchigen bezogen wurde, was auch durch das Idiom *ḫpr m* "zu etwas werden" nahegelegt wird. Nimmt man *ntj* persönlich, muß das negierte *m33.t.f* als "du wirst zu jemand, ehe er sehen soll" übersetzt werden. Andererseits läßt sich *ntj* auch mit dem vorher genannten *ỉw pn* "dieser Insel" verbinden, in welchem Fall es passiv als "du bist in dem, das man nicht sehen soll" übersetzt werden muß. In beiden Fällen enthält der Satz die Begründung, warum der Schiffbrüchige erkennen soll, daß er straffällig wurde. Diese Erkenntnis ist nicht nur für den Aufbau der Erzählung, sondern auch für deren Lehrinhalt wesentlich. Sie erklärt ferner die Bedeutung der sich daran anschließenden Betrachtungen über den Zustand des Schiffbrüchigen in seiner Fassungslosigkeit angesichts der Krise.

Da der Schiffbrüchige die geheischte Antwort schuldig bleibt, wird er von der Schlange in das Innere ihres Reichs gebracht, was er unbeschadet

---

145 Goedicke,"And they became ashes ..." Vortrag in Toronto November 1971.

146 Vgl. Wb.III 474, bzw. I 130,7, sowie Pyr. 1240 b; 175 a.

147 Gunn, Studies in Egyptian Syntax 99 erklärt es als "one who is not seen (at the moment of looking for him)", gefolgt von Satzinger, a.a.O. § 18 "indem du wirst zu dem, der nicht gesehen wird".

148 Vgl. auch Westendorf, Der Gebrauch des Passivs 85.

149 Dies könnte als "ehe er sehen soll" übersetzt werden, was mit der übertragenen Bedeutung der Erzählung als Besuch im Reich des Todes übereinstimmen würde.

übersteht. Die Wortwahl scheint sehr überlegt, wenngleich nicht alle Details offensichtlich sind. Auffällig ist besonders die Bezeichnung des Wohnorts als *st nt sn<u>d</u>m*. Außer in Pap. Westcar 7,12 kommt *sn<u>d</u>m* im Kiosk von Sesostris I. in Karnak vor[150], wo es allem Anschein nach im Sinne von "residieren" und nicht in der späteren Bedeutung "sitzen" gebraucht ist. Die zeitlich nahestehende Parallele läßt für unsere Stelle eine ähnliche Bedeutungsnuance vermuten, bei der der Zusammenhang mit dem ursprünglichen Wort "angenehm machen" noch recht greifbar ist[151]. Es wird allgemein angenommen, daß die Schlange besonders behutsam mit dem Schiffbrüchigen umging[152], obwohl dafür kein Grund bestand, nachdem er ihr die Antwort verweigert hatte. Es ist daher m.E. besser, *w3ḥ* hier im Sinne von "zur Seite legen, weglegen" zu verstehen; zu diesem Gebrauch vgl. Blackman, JEA 16 (1930) 64 f. Dadurch wird auch das anschließende *nn dmjt.ỉ* "ohne mich zu berühren" deutlicher, wobei eine spezifisch juristische Bedeutung in Betracht gezogen werden muß[153]. In anderen Worten, der Schiffbrüchige blieb eine Zeit lang unbehelligt in der Residenz der Schlange. Darüber begann er sich zu freuen, doch kam, wohl unerwartet, das zweite Verhör. Zu *ỉṯj m* vgl. Gunn, JEA 27 (1941) 147 f.[154]

---

150 Wb.IV 187,6 (Belegstellen); Lacau und Chevrier, Une Chapelle de Sesostris Ier à Karnak scheint die Stelle nicht auf. *St nt sn<u>d</u>m* kommt auch Siut IV 25 f. vor.

151 Vgl. auch die Verwendung von *sn<u>d</u>m* in Totentexten wie CT I 195 g; IV 122 f, sowie in Lebensmüder 19.

152 Erman, ZAS 43, 1906, 12 meint "die Schlange trägt ihn so behutsam, daß sie ihn nicht drückt und ihm kein Glied abbeißt".

153 Vgl. dazu Sinuhe B 200; *dmjt* ist wohl Infinitiv, doch könnte auch ein passives *s<u>d</u>m.tw* vorliegen; vgl. Gardiner, ZAS 45, 1908, 64; idem, Egyptian Grammar^3 § 299; Westendorf, a.a.O. 85, Anm. 9.

154 Er übersetzt die Stelle "He (the serpent) set me down intact; I was unharmed, not being overpowered". Die nächstverwandte Stelle ist ASAE 27, 1927, 22, Zl. 13, wo der Ausdruck, wie hier, von Personen gebraucht wird. Die Bedeutung scheint "gefangen nehmen" o.ä. zu sein.

DIE ZWEITE REDE DER SCHLANGE UND ANTWORT DES SCHIFFBRÜCHIGEN (Z1.81-97)

Das zweite Verhör wird feierlicher als das erste eingeleitet, was wohl seine Bedeutung betonen soll. Nochmals befragt, findet der Schiffbrüchige den Mut, sein Geschick zu berichten, wozu die frühere Beschreibung wörtlich wiederholt wird. Die Unterteilung in Abschnitte entspricht nicht modernem Stilgefühl, ist aber hier beibehalten (Zl. 81-97):

"Da öffnete sie ihren Mund zu mir, als ich vor ihr auf dem Bauche lag. Und sie sagte zu mir: 'Wer brachte dich?! Kleiner! Wer brachte dich zu dieser Insel? Ist es das Meer und seine Brandung?' Da beantwortete ich es ihr, während meine Arme vor ihr gebeugt waren. Ich sagte zu ihr: 'Ich war ausgezogen zum Erzland im Auftrag des Souveräns in einem Schiff von 120 Ellen Länge und 40 Ellen Breite. 120 Matrosen waren darin vom Besten von Ägypten. Sie erkannten den Himmel und erkannten Land. Ihr Sinn war tapferer als Löwen'".

Die Einleitung *ỉw wp r3 r* ist auch im Lebensmüden gebraucht; vgl. Goedicke, The Report about the Dispute of a Man with his *Ba* 88. Seit Erman[155] wird die abschließende Frage allgemein als eine Erweiterung verstanden. Dabei wird angenommen, daß die Residenz der Schlange hier besonders ausführlich spezifiziert ist. Bedenkt man die postulierte Formulierung, muß deren pleonastischer Charakter auffallen; Inseln können nur im Meer liegen, wodurch es auch selbstverständlich ist, daß sie in der "Wasserflut" sind. Es ist unwahrscheinlich, daß der Dichter hier den hydrographischen Charakter von Inseln besonders beleuchten wollte. Daher kann die traditionelle Übersetzung nicht befriedigen,und ein erneutes Durchdenken der Stelle ist unumgänglich. Die Tatsache, daß *ỉw* "Insel" durch *pn* "diese" determiniert ist, macht jede weitere Spezifizierung überflüssig. Dadurch ergibt sich, daß das an *ỉw pn* Anschließende keine weitere Bestimmung enthalten kann. Aus dieser Einsicht muß geschlossen werden, daß hier eine weitere durch

---

155 ZAS 43, 1906, 12 "wer hat dich hergebracht auf diese Insel des Meeres, deren beiden Seiten in der Flut liegen?"; Vikentiev, BIFAO 35, 1935, 29 "who brought thee to this island of the sea, whose two sides are in the flood?"; Lefèbvre, Romans et Contes 35 "Qui t'a amené dans cette île de la Très Verte dont les deux rives sont dans les flots?"; E.Brunner-Traut, a.a.O. 7 "Wer hat dich zu dieser Insel des Meeres gebracht, die inmitten der Flut liegt?"

(ỉ)n eingeleitete Frage vorliegt[156], die mit dem Vorhergehenden nur lose verbunden ist. Diese Frage ist *(ỉ)n w3ḏ-wr* "Ist es das Meer?"[157], woran sich ein Relativsatz anschließt. In diesem ist das Relativpronomen als Epithet gebraucht[158], so daß wörtlich "war es das Meer? - dieses, dessen Grenze Wellen sind" übersetzt werden muß. Bereits Sethe[159] führte aus, daß hier *gs.f* und nicht *gswj.fj* zu lesen ist[160]. *Gs* bezeichnet hier den Rand des Meeres und kann mit Sinuhe R 17 zusammengestellt werden[161]. An dieser Stelle wird die beabsichtigte Symbolik besonders deutlich greifbar. Die Brandung *nwj* ist offensichtlich ein Wortspiel mit *nnw* "Müdigkeit", Tod", was auch die Symbolik des "Großen Grün's" als physische Welt erhellt. Die Frage der Schlange hat somit als zweiten Sinn die Frage nach dem Tode als Teil des Daseins.

Die Antwort wird vom Schiffbrüchigen in demütiger Haltung vorgebracht und besteht aus einer Wiederholung der früheren Erzählung mit geringen Änderungen. Zu der Haltung *ʿwj.ỉ h3m* vgl Blackman, JEA 16 (1930) 70, sowie Janssen, Het traditioneele Egyptische Autobiografie II Ce. Die durchsichtige doppelte Bedeutung läßt hier an die verschränkten Arme der Osirisdarstellung denken.

DIE ERZÄHLUNG ÜBER DEN SCHIFFBRUCH (Zl. 97-108)

Der zweite Abschnitt der Antwort des Schiffbrüchigen enthält die Beschreibung des Sturms (Zl. 97-108):

"Sie sagten einen Sturm voraus, ehe er gekommen war, und ein Unwetter, ehe es geschah. Jeder Einzelne war mutigen Sinns und tüchtiger als sein Genosse. Nicht gab es einen Toren in ihrer Mitte. Der Sturm entstand,

---

156 Da auch das Fragepronomen als *(ỉ)n-m* geschrieben ist, bildet die Schreibung keinerlei Hindernis.

157 Vgl. Grapow, Wie die alten Ägypter sich anredeten ... IV 47.

158 Zur Konstruktion vgl. Gardiner, Egyptian Grammar³ § 328.2; Lefèbvre, Grammaire § 756.

159 ZÄS 44, 1907, 83 f.

160 Vgl. Gardiner, a.a.O. § 76.

161 Siehe auch Faulkner, Concise Dictionary 291.

während wir auf See waren, bevor wir Land erreichen konnten. Der Wind raste und machte ein Tosen mit Wogen von 8 Ellen darin. Dann kam eine riesige (Welle) gegen mich. Als sich das Schiff aufrichtete, starben,die darin waren, ohne daß ein Einziger übrig geblieben wäre außer mir. Und so bin ich bei dir".

Die Unterschiede in der Formulierung betreffen eine stärkere Betonung des persönlichen Elements, sowohl bei der Beschreibung der Reisegenossen als auch bei der Nennung des alleinigen Überlebens. Auffällig ist, daß *mᶜk3 ỉb* zweimal in kurzer Folge genannt wird, wobei der Ausdruck sicherlich mit *ᶜk3 ỉb* zusammen zu stellen ist[162]. *Nḫt ᶜ* verweist auf die physischen Fähigkeiten[163] im Gegensatz zum vorausgehenden *mᶜk3 ỉb* als Beschreibung der geistigen Einstellung. Da letztere wohl als einheitlich anzusehen ist, kann der abschließende Komparativ nur auf das zweite Glied bezogen werden[164]. Zu *wh3*, das vermutlich am besten mit "Tor" übersetzt wird, vgl. Ptahhotep 575, wo es als "einer der nicht hören will" qualifiziert ist. In Gegenüberstellung zu *rḫw* "Wissender" findet sich *wh3* in Admonitions 6,13, das in der Lehre des Amenemhet (Pap.Sallier II 3,3) wiederkehrt[165]. In Bauer B 1,218 und B 1,287 wird es parallel zu *ḫm* "unwissend sein" gebraucht, und schließlich findet es sich Lebensmüder 18 als Qualifikation des Ba[166]. Zu *wᶜ ḥr ḫw* vgl. Janssen, a.a.O. II P 6-13 und Edel, ZAS 79 (1954) 76[167]. Der abschließende adverbiale Nominalsatz *mk wj r gs.k* bildet eine Überleitung von der Beschreibung des Schiffbruchs zu der Strandung[168].

162 Dieses findet sich als erstrebenswerte Tugend in Merikareᶜ P.46, 129; vgl. auch Piankoff, Le Coeur 89; Janssen, Het traditioneele Egyptische Autobiografie I L.

163 Der Ausdruck kommt nicht in den Weisheitstexten vor, doch findet er sich bereits in Mereruka A 13.

164 Ein Doppelkomparativ ist m.W. eine nicht belegte Konstruktion.

165 Vgl. auch Urk.IV 970,1.

166 Die inhaltliche und zeitliche Zusammengehörigkeit dieser Texte mit Ausnahme der Lehre des Ptahhotep ist dermaßen eng, daß eine einzige Autorenschaft in Betracht zu ziehen ist; vgl. dazu Goedicke, The Report about the Dispute of a Man with his *Ba* 4 ff.

167 Siehe auch Blackman, JEA 3, 1916, 241 f.

168 Brunner-Traut, a.a.O. 7 übersetzt "keiner blieb übrig außer mir, denn ich war nahe bei dir", was weder grammatikalisch noch inhaltlich gerechtfertigt erscheint.

DIE ANTWORT DER SCHLANGE (Zl. 109-123)

Die Schilderung der Ankunft auf der Insel führt über zu der gütigen Antwort an den Schiffbrüchigen (Zl. 109-123):

"Und dann war ich von einer Meereswelle zu dieser Insel gebracht worden. Da sagte sie zu mir: 'Fürchte nicht! Kleiner! Fürchte nicht deine Zukunft, nachdem du mich erreicht hast! Siehe, Gott hat dich überleben lassen, und er brachte dich zu dieser Insel. Für deinen Ka, nicht gibt es etwas, das nicht in ihrem Innern ist, indem sie gefüllt ist mit allem Guten. Siehe, du sollst Monat auf Monat verbringen, bis du 4 Monate vollendet hast im Innern dieser Insel, wenn ein Schiff aus der Residenz kommen wird mit Matrosen darin, die du kennengelernt hast. Du wirst mit ihnen zur Residenz gehen und du wirst in deiner (Heimat)stadt sterben".

Die Schilderung der Strandung unterscheidet sich in der Wahl des Verbums von der früheren Fassung (Zl.51). Statt *rdj* ist *ỉnj* gebraucht, was bei gleicher Konstruktion[169] eine etwas andere Bedeutungsnuance erzielt. Die Antwort der Schlange auf den Bericht des Schiffbrüchigen verwendet die *sḏm.ỉn.f*-Form ohne weitere Hilfskonstruktion[170]. Zu der Aufmunterung *m snḏ* "Fürchte nicht!" vgl. Grapow, Wie die alten Ägypter ... I 51, Ptahhotep 169, 476, sowie die ähnliche Situation in Sinuhe B 279. *M 3tw ḥr.k* ist gleich gebaut und enthält einen negierten Imperativ. Das Wort, das auch in Sinuhe B 287 parallel zu *snḏ* "fürchten" vorkommt, wurde von Blackman[171] mit "erbleichen" übersetzt. Das Verbum ist jedoch eindeutig transitiv mit *ḥr.k* als Objekt. Letzteres kann nur übertragen gebraucht sein und ist m.E. als "Aussicht, Zukunft" zu verstehen[172], so daß "scheue nicht deine Aussichten" zu übersetzen ist. Sinuhe B 278 bestärkt diese Erklärung,

---

169 Vgl. Westendorf, Der Gebrauch des Passivs 68.

170 Zum emphatischen Charakter der Form vgl. Gardiner, Egyptian Grammar[3] § 429.1.

171 JEA 16, 1930, 65; 22, 1936, 43; seine Erklärung wurde von E.Brunner-Traut ("dein Gesicht braucht nicht zu erbleichen") und Faulkner, Concise Dictionary 1, übernommen, während Gardiner, JEA 34, 1948, 16, Zweifel äußert, wie sie auch die Übersetzung von Vikentiev ("don't afflict thy face") und Lefèbvre ("n'aie pas un visage tourmenté") zum Ausdruck bringt.

172 Zur übertragenen Bedeutung von *ḥr* vgl. oben S. 29.

insbesondere wenn man die Stelle mit "Nicht gibt es ein Scheuen der Zukunft für einen, der dich gesehen hat" übersetzt. Wie im Zusammenhang mit dem Dank für die glückliche Heimkehr (Zl.5) ist *nṯr* "Gott" hier absolut zu verstehen, was mit der implizierten Rolle der Entscheidung des Geschicks zusammenpaßt[173]. Die Güte Gottes zeigt sich darin, daß der Schiffbrüchige überleben durfte und durch Gottes Entschluß zu der Insel gebracht wurde.

Die Stelle hat unterschiedliche Erklärungen gefunden, die aber alle darin übereinstimmen, daß sie *n k3* an *ỉw pn* genitivisch anschließen. Erman, ZAS 43 (1906) 14 übersetzte "diese Insel mit Nahrung", was er in seiner Literatur (S.60,Anm.1) in "Insel des Ka" abänderte, wenngleich er an seiner älteren Erklärung festhielt. Vikentiev folgte mit "this island of the Ka"[174], nachdem Golenischeff, a.a.O. 212 darin den Namen der Zauberinsel als "île du genie" gesehen hatte. E.Brunner-Traut kehrte mit "dieser Insel der Paradiesesfülle" zu Erman's ursprünglicher Ansicht zurück, während Faulkner, Concise Dictionary 283 dafür "this phantom island" gibt, wofür jedoch keine Bekräftigung zu finden ist. Alle lassen außer acht, daß *ỉw pn* "diese Insel" bereits mehrfach genannt war und nirgends eine zusätzliche Determinierung durch einen indirekten Genitiv hat. Eine derartige Determinierung wäre nicht nur unnötig, sondern könnte auch gar nicht durch das unbestimmte *k3* erfolgen[175]. Ein wesentlich besseres Verständnis der Stelle wird durch eine Abtrennung von *n k3* und dessen Verbindung mit dem Folgenden erreicht. Es dient dabei als Aufforderung bzw. als Freundschaftsbeweis und entspricht dem gut belegten *n k3.k*[176]. Die

---

173 Das Postulat eines absoluten Gotteskonzepts gehört zu den Eigenheiten der aufgrund semantischer Eigenheiten zusammengestellten Textgruppe; vgl. oben S. 1 f.

174 Lefèbvre, Romans et Contes 36 sieht die Stelle in gleicher Weise als "cette île du *ka*".

175 Eine Verbindung wäre nur möglich, wenn *k3* durch ein Suffix determiniert wäre oder wenn es im Plural stünde. Beides trifft nicht zu.

176 Siehe dazu Grapow, a.a.O. III 86 ff. Nachweise aus dem Mittleren Reich sind gesichert. Es ist hier entweder als "für einen Ka" oder eine Emendierung des Suffixes anzunehmen, wie hier vorgeschlagen wird.

Abtrennung von *n k3 (.k)* als Einleitung einer Übergabe harmoniert mit der anschließenden Beschreibung des Reichtums der Insel, wobei die Worte aus Zl. 51 wiederholt werden.

Die Rettung durch ein Schiff aus der Heimat wird nach einer Wartezeit von vier Monaten in Aussicht gestellt. Die Zeitangabe scheint natürlich, bis man bedenkt, daß vier Monate 120 Tage sind. Es ist zumindest schwierig, die Häufung gerade dieser Zahl in unserem Text als Zufall anzusehen. Das Schiff hatte 120 Ellen Länge und darin waren 120 Matrosen. Der Verdacht eines Wortspiels muß unter diesen Umständen naheliegend erscheinen[177]. Da aber das Wort für 20 nicht gesichert ist[178], fehlen die Voraussetzungen, das Wortspiel zu erstellen. Das Versprechen gipfelt in der Aussicht, daheim zu sterben, wie es auch in Sinuhe (B 195 ff.) vorkommt.

DIE FREUDE ÜBERSTANDENER GEFAHR (Zl. 124-129)

Anschließend an die Vorhersage der Rettung hält die Schlange eine allgemeine Betrachtung über die Freuden nach überstandener Gefahr und illustriert dies mit der Erzählung eines Erlebnisses (Zl. 124-129):

"Wie froh ist einer, der berichten kann, nachdem er erlebt hat, daß eine Unannehmlichkeit vorbeiging. Ich will dir ein entsprechendes Gleichnis erzählen, das in dieser Insel geschah. Ich war in ihr mit meinen Verwandten, mit Kindern unter ihnen. Wir machten zusammen 75 Schlangen, bestehend aus meinen Kindern und Geschwistern. Niemals kann ich dir die Tochter verdeutlichen, die Kleine, die mir unter Bitten gebracht worden war".

Gardiner, ZAS 45 (1908) 65 diskutierte die Stelle und übersetzte "how joyful is he who relates what he has experienced, when the calamity has passed". *Rs.wj* ist eindeutig adjektivisches Prädikat[179] mit dem nominal gebrauchten *sḏd* als Subjekt. *Dpt.n.f* ist keine absolut gebrauchte Relativform, wie Gardiner anzunehmen scheint[180], sondern muß als *sḏm.n.f*

---

177 Vgl. für einen ähnlichen Fall, Goedicke, CdE 40, 1965,28 ff.

178 *Ḏbꜥtj* ist vermutlich eine Umschreibung und nicht das eigentliche Zahlwort. Koptisch ist 120 ϣⲉ ϫⲟⲩⲱⲧ , was aber keinen gesicherten Anhalt für die Grundlage eines Wortspiels bietet.

179 Vgl. Gardiner, Egyptian Grammar[3] § 49;U.Heckel, a.a.O.

180 Diese Auffassung würde eine feminine Form voraussetzen, doch ist das *t* in *dpt* bekanntlich Teil des Stamms.

erkannt werden, die hier die relative Vergangenheit der Erfahrung zum Ausdruck bringt[181]. *Zn ḫt mr* ist ein Verbalsatz, abhängig von *dpt.n.f*; zur Konstruktion siehe Gardiner, a.a.O. § 184. Die Wahl von *dpt* erinnert nicht nur an Sinuhe B 23 und Admonitions 5,2; 13,5, sondern läßt auch ein Wortspiel mit dem mehrfach in der Erzählung vorkommenden Wort *dpt* "Schiff" vermuten. Zu *zn ḫt mr* vgl. *zn mnt* in Chacheperreᶜ-seneb Rt.11; im Gegensatz zu Gardiner[182] möchte ich es aber nicht als zusammengesetzten Ausdruck mit der Bedeutung "distress, calamity", sondern wörtlich als das Durchmachen eines Leidens verstehen, wie dies auch Wb.III 455,20 ff. geschieht. Zu *ḫt mr*, wörtl. "eine schmerzhafte Angelegenheit", vgl. *ḫt ᶜ3* in Sinuhe B 215, sowie Gardiner, a.a.O. § 92.2.

Die Erzählung wird in derselben Weise eingeführt, wie sie auch in der Rahmenerzählung gebraucht war; vgl. oben Zl. 21-22. Die Parallele zeigt, daß hier *wn.n.i* zu lesen ist[183], was auch durch die Anordnung der Zeichen in der horizontalen Zeile (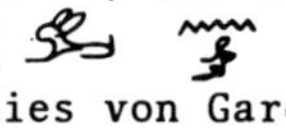) gestützt wird, und nicht eine *sḏmw.n.f* Relativform, wie dies von Gardiner[184] vorgeschlagen wurde. *Snw* könnte man hier allgemein als "Verwandte" verstehen, wobei das wesentliche Moment zweifelsohne in der generationsgleichen Beziehung liegt im Gegensatz zu den anschließend genannten Kindern. In ihrer übertragenen Bedeutung ist die Stelle vermutlich mit dem ersten Gleichnis des Ba im Lebensmüden zu vergleichen[185], wo dieselbe Differenzierung durch Gegenüberstellung von Frau und Kindern erreicht wird. Die Wahl von *m-ḳ3b* ist bemerkenswert, da der Ausdruck nicht mit *m-m* synonym ist. Er findet sich auch in Sinuhe B 196, 281, 300.

---

181 Vgl. Gardiner, a.a.O. § 414.2.

182 Admonitions of an Egyptian Sage 103; vgl. auch Faulkner, Concise Dictionary 229.

183 Zur Schreibung vgl. Gardiner, Egyptian Grammar³ § 413, wo jedoch eine Lesung **wn.ỉ* angenommen wird, sowie Edel, Altägyptische Grammatik § 533,2.

184 A.a.O. § 389,2 gefolgt von Lefèbvre, Grammaire § 481 b.

185 Zl. 68 ff.; siehe dazu Goedicke, The Report about the Dispute of a Man with his *Ba* 130 ff. *Snw* mit genereller Bedeutung "Verwandte" mag bereits in der häufigen Alten Reichs-Formulierung "ein Gepriesener seiner *snw*" vorliegen; siehe dazu Edel, Zur Phraseologie der ägyptischen Inschriften des Alten Reichs § 40.

Die Formulierung *km.n.n* "wir machten vollständig" muß recht umständlich erscheinen, wenn eine Mengenangabe auch mit einfachem **wnn.n* hätte gebildet werden können. Der mathematische Gebrauch von *km* ist durch Pap. Rhind[186] gesichert, während Merikareʿ P.101 eine engverwandte Parallele bildet. Im Hinblick auf den Doppelsinn der Erzählung muß die Zahl 75 hervorgehoben werden, die sicherlich nicht zufällig ist. Ein numerologischer Strukturwert ist unwahrscheinlich, so daß wohl auch hier, wie oben, ein Wortspiel aufgrund phonetischer Ähnlichkeit anzunehmen sein wird[187]. Zur Konstruktion mit *m* vgl. Gardiner, a.a.O. § 162.5.

Die Betonung einer bestimmten Zahl sowie deren vermutlicher Doppelsinn muß Zweifel an der üblichen Übersetzung des anschließenden Satzes als "I will not mention to thee a little daughter"[188] aufkommen lassen. Der Konstruktion *nn sḏm.f* wird allgemein futurische Bedeutung zugeschrieben[189], worunter aber auch die Bedeutungsnuance der Unfähigkeit, etwas zu tun, gerechnet werden muß[190]. Ich möchte daher die Stelle nicht als Willensakt, sondern vielmehr als Feststellung der Unfähigkeit verstehen, wobei *sḫ3 n* wörtlich als "jem. nennen, damit er erinnert wird" zu übersetzen ist. In dieser Bedeutung findet es sich in Urk.I 68,12; Bauer B 1,189[191]. *Z3t ktt* wird allgemein als "kleine Tochter" o.a. aufgefaßt, obwohl *ktt* im Hinblick auf die Determinierung kein Adjektiv, sondern nur ein Substantiv sein kann. *Ktt* findet sich als Personenbezeichnung auch in

---

186 22; vgl. Peet, The Rhind Mathematical Papyrus 75.

187 Koptisch wäre es ϣⲃⲉⲧⲏ , was aber nicht weiterhilft.

188 Gardiner, Egyptian Grammar^3 § 457. Ähnlich auch Lefèbvre, Romans et Contes 37 "et je ne mentionnerai pas une fille en bas âge" und E.Brunner-Traut "dabei will ich dir eine kleine Tochter nicht erwähnen.

189 Vgl. dazu auch Gunn, Studies in Egyptian Syntax 119 ff.; Satzinger, a.a.O. § 57 ff.

190 Ähnlich ist auch das von Satzinger, a.a.O. 57 zitierte Beispiel aus Naga-ed-Der Stelae 78 zu verstehen; vgl. auch Gunn, a.a.O. 122.

191 Siehe dazu auch Gardiner, Admonitions of an Egyptian Sage 99.

Westcar 12,22, möglicherweise mit abfälliger Bedeutung. Erman's[192] genitivische Auflösung in "Tochter eines Mädchens" scheint daher dem Sinn der Stelle wohl am nächsten zu kommen, wobei es die Unbedeutendheit zum Ausdruck bringen soll. Sinngemäß besteht eine Verwandtschaft mit Lebensmüder 77 f., wo von dem "Weib" (*mst*) und ihren Kindern gesprochen wird. *ʾInt* ist passives Partizip; vgl. Westendorf, a.a.O. 128[193] gegen Gardiner's freizügige Übersetzung "whom I had obtained by prayer". Das anschließende *m zš3w* kann nur die Umstände beschreiben, unter denen das Mädchen gebracht wurde. Entsprechend ist "unter Bitten"[194] zu übersetzen, das vermutlich auch Ptahhotep 432 vorkommt[195].

DAS UNGLÜCK DER SCHLANGE (Zl. 129-138)

Das Unglück, das geschah, wird folgendermaßen beschrieben (Zl. 129-138):

"Und dann belehrte Reᶜ den, der herabkommt: 'Ziehe aus gegen diese mit Feuer in seinem (sic) Arm!' Es geschah zu ihnen, obwohl ich nicht mit (ihnen) war, es verbrannte, obwohl ich nicht in ihrer Mitte war. Und als ich gestorben war durch sie, da fand ich - es ist nur ein Leichenhaufen!

Wenn deine Selbstbeherrschung für dich siegt, dann wirst du deine Arme mit deinen Kindern füllen, deine Frau küssen und dein Haus sehen. Gut ist

---

192 ZAS 43, 1906, 16; die von ihm aufgezeigten Möglichkeiten der Erklärung sind sicherlich unzutreffend; dies gilt auch für Gunn, Studies in Egyptian Syntax 160 "the daughter of a humble woman". Der Ausdruck ist vielleicht mit *z3 z* zu vergleichen; siehe dazu Merikareᶜ P.61, Abydos III 29.

193 Siehe auch Gunn, a.a.O.

194 Die Schreibung zeigt die im Mittleren Reich aufkommende Vermischung mit *šs3* an. Zu *sš3* vgl. Faulkner, a.a.O. 247.

195 Zaba, Les Maximes de Ptahhotep 95 übersetzt "au contraire de (?)" und folgt darin Wb.III 281,4 und Sethe, Erläuterungen zu den ägyptischen Lesestücken ad 40,12. Durch eine andere Zeilentrennung und Verbindung mit dem Vorangehenden als *m nỉwt rḫt.n.k m šs3w* "in der Stadt, die du kennengelernt hast unter Bitten" ergibt sich ein wesentlich besserer Sinn.

es über alles, wenn du die Heimat erreichst und dort bist im Kreise deiner Verwandten. Du wirst wahrlich sein, während ich zusammengebunden bin und die Erde vor ihm umarme".

Die Rede wurde von Erman[196] als "die dunkelste des Buches" angesehen und Textverderbnis als Grund dafür vermutet. Außer den auch sonst üblichen Verschiebungen der Personalsuffixe in Zitaten zeigt der Text keine Korruption, so daß auch hier von solchen Schritten Abstand genommen werden muß. Grundsätzlich wird die Stelle als Bericht über einen auf die Insel herabgefallenen Stern angesehen, durch den die Verwandten der Schlange im Feuer umkamen; die Schlange war zur Zeit des Unglücks abwesend und entkam dadurch als Einzige[197]. Dagegen sind Einwände literarischer, grammatikalischer und lexikographischer Natur vorzubringen. Nachdem die bisherige Diskussion des Textes einen durchlaufend unterliegenden Sinn der Dichtung gezeigt hat, kann dies auch für die restliche Erzählung und damit auch für diese Stelle vorausgesetzt werden. Im Aufbau des Erlebnisses der Schlange ist kein Anhaltspunkt enthalten, der den "Sternfall" motivieren könnte. Noch weniger verständlich muß die Wahl des Motivs bleiben, die so ungewöhnlich ist, daß man ein persönliches Erlebnis voraussetzen müßte,

---

196 ZAS 43, 1906, 16.

197 Die Übersetzungen sind: Erman, Literatur 60 "Da fiel ein Stern herab und diese gingen durch ihn in Feuer auf (?). Es geschah, als ich nicht mit den Verbrennenden (?) war und während ich nicht unter ihnen war. Da starb ich (fast) ihretwegen, als ich sie als einen einzigen Haufen Leichen fand". Vikentiev, BIFAO 35, 1935, 31 "Now a star has fallen, and those went into the fire. It happened indeed that I was not with those who were consumed, I was not in the midst of them. And yet I (nearly) died because of them, when I found them in a single heap of ashes". Lefèbvre. Romans et Contes 37 "Une étoile vint a tomber, et ceux-ci sous son action pirent feu. Cela arriva alors que je n'étais pas avec (eux); ils brulèrent sans que je fusse au milieu d'eux. Je (faillis) mourir à cause d'eux quand je les trouvai en un seul monceau de cadavres". E.Brunner-Traut, Altägyptische Märchen 8 "Da fiel (eines Tages) ein Stern herab, und diese alle gingen durch ihn in Feuer auf. Ich aber, ich war nicht unter ihnen, als sie verbrannten, denn ich war (damals) überhaupt nicht bei ihnen. Doch wäre ich (fast) gestorben um ihretwillen, als ich sie als einen einzigen Leichenhaufen fand".

wofür wiederum die Voraussetzungen fehlen. Es hätte genug andere literarische Mittel gegeben, wenn es hier um die Beschreibung der Vernichtung der Schlangeninsel ginge. Es wird auch nicht erklärt, warum eine Schlange übrig bleibt, ohne daß sie etwas Besonderes dazu beitrug. Nur die Beschreibung eines blinden Schicksals als Bestimmungsmacht über die Lebewesen könnte als Motiv angenommen werden, was wiederum in Widerspruch zur Moral der Erzählung stünde. Im Hinblick auf diese Tatsache wird im Folgenden versucht, völlig neue Wege zur Erklärung der Stelle zu gehen.

Eine Diskussion der Einleitung des Abschnitts fehlt, doch hat es den Anschein, als wenn es allgemein als *ʿḥʿ.n* + nominales Subjekt + Pseudopartizip aufgefaßt wurde. Wie bereits oben im Zusammenhang von Zl. 37 gezeigt wurde (s.o.S. 23), gibt es keine derartige Konstruktion. Damit fällt gleichzeitig die Voraussetzung für die Annahme eines Substantivs nach *ʿḥʿ.n*. Dieses wurde seit Erman's Erstedition als *sb3* "Stern" verstanden, obwohl dies eine sonst nicht belegte Schreibung annimmt. Für das konkrete Denken der Ägypter wäre die "Sonne" als Determinativ zu "Stern" ein glatter, unübersehbarer Widerspruch. Entsprechend kann ☉ nicht als Determinativ, sondern nur als ideographische Schreibung für Reʿ angesehen werden. Dadurch erklärt sich gleichzeitig die vorliegende Konstruktion als *ʿḥʿ.n sḏm.f*, die bereits in Zl. 76 vorkam[198]. Im Hinblick auf die anschließend beschriebene Vernichtung des Schlangenvolkes kann *sb3* nur in seiner Bedeutung "unterweisen", "streng erziehen", verstanden werden[199]. *H3w* ist wohl ein nominal gebrauchtes Partizip und bezeichnet den Empfänger der Instruktionen von Reʿ. Entsprechend ist es "der herab kam" zu übersetzen, wobei darin ein immanenter Gottesbegriff zu vermuten ist[200]. Die theologischen Voraussetzungen der hier gebrauchten Formulierung

198 Gardiner, Egyptian Grammar[3] § 480 und Lefèbvre, Grammaire § 330 a halten die Konstruktion für bedeutungsgleich mit dem häufigen *ʿḥʿ.n sḏm.n.f*. Die scheinbare Identität liegt aber vielmehr in der Übersetzung, indem wir nicht in der Lage sind, den spezifisch aktuellen Charakter der *sḏm.f*-Form atemporal wiederzugeben.

199 Die Bedeutung "strafen" ist eine Erweiterung des Neuen Reichs; vgl. dazu auch Brunner, Die Texte aus den Gräbern der Herakleopolitenzeit in Siut 30; Brunner, Altägyptische Erziehung 106 ff. Zu *sb3* vgl. auch CT I 230 c; 231 g.

200 Ein Zusammenhang mit dem späteren *h3w* "Not" (Wb.II 479,9), sowie der in den Pyramidentexten insbesondere in der Verbindung *hjw sḏr* (Wb.II 483,20-21) vorkommenden Schlangenbezeichnung besitzt große Wahrscheinlichkeit.

sind weitgehend. Sie setzen eine Teilung des Universums in eine innere und eine transzendente Sphäre voraus, wobei kein direkter Zusammenhang zwischen ihnen besteht. Das reiche Material wird an einem anderen Ort diskutiert[201]. *Prj* ist wohl als Pseudopartizip zu verstehen. Die Grundbedeutung "zu jem. herauskommen" (Wb.I 519 ff.) ist deutlich, wobei die Wahl von *prj* impliziert, daß das göttliche Feuer eingeschlossen ist. Daß das Verbum mit der Präposition *n* konstruiert ist, zeigt, daß keine grundsätzlich feindliche Handlung vorliegt, da dies die Konstruktion mit *r* erfordern würde[202]. *N3* ist hier absolut gebraucht, wie in Admonitions 7,9 und Lebensmüder 5[203]. Das Suffix in *m-ᶜ.f* verweist auf *h3w*.

 gehörte lange zu den grammatikalischen Problemen. Sethe, a.a.O., beschäftigte sich als Erster damit und übersetzte "es geschah aber, daß ich nicht dabei war". Gunn, Studies in Egyptian Syntax 138,2 gab dafür "it befell that I was not with (them)", während Lefèbvre, Grammaire[2] § 540,3 "cela arriva certes, et je n'êtais pas avec (eux)" übersetzte. Schließlich hat sich Edel[204] ausführlich mit der Stelle befaßt, wobei er zu der Übersetzung "es geschah, während ich nicht (dabei =) bei ihnen war" kommt. Eine gewisse Schwierigkeit besteht, darin zu erstellen, worauf sich das *nj* bezieht. Die Notwendigkeit, es mit der zweiten Satzhälfte zu koordinieren, verlangt, daß es auf *ḫt m-ᶜ.f* verweist. Das auf *ḫpr.n(j)* folgende *r.s* ist in fast allen Übersetzungen unbeachtet geblieben[205]. Der Grund dafür ist vermutlich, daß *.s* beziehungslos zu sein scheint. Das Problem löst sich jedoch, wenn man berücksichtigt, daß

---

201 Siehe dazu Goedicke, God and Man, Baltimore 1972.

202 Folgend Sethe, ZAS 44, 1907, 84, Faulkner, Concise Dictionary 90 führt eine Redewendung *prj m ḫt* mit der Bedeutung "to go up in flames" an, was aber auf diesen Beleg beschränkt ist. *Prj m ḫt* ist gut nachgewiesen (Wb.I 524,11-12), bedeutet aber das Gegenteil, nämlich "aus dem Feuer kommen", d.h. gar gekocht sein.

203 *N3* als "das da" hat hier einen etwas abschätzigen Oberton, der der Bewertung der sündigen Schöpfung entspricht.

204 ZAS 84, 1959, 20; vgl. auch Westendorf, Der Gebrauch des Passivs 35, die beide gegen Faulkner, JEA 42, 1956, 37 Stellung nehmen.

205 Lefèbvre, Grammaire § 587, Obs. hält es für einen Sonderfall, in dem *r.s* als enklitische Partikel anstelle des sonst üblichen *r.f* verwendet ist.

das absolut gebrauchte *n3* durch das feminine Pronomen wiederaufgenommen wird[206]. Daraus ergibt sich, daß hier das Idiom *ḫpr r* "feindlich gegen jem. geschehen, jem. zustoßen" (Wb.III 262,17) vorliegt, wobei das *r.s* auf *n3* zurück verweist. *Nn wj ḥnᶜ* wurde allgemein dahingehend verstanden, daß die überlebende Schlange zum Zeitpunkt des Unglücks nicht anwesend war, was aber wenig Sinn ergibt[207]. Die Formulierung als negierter Nominalsatz hat prinzipiellen Charakter und ist deshalb besser als "niemals war ich dabei" zu übersetzen[208]. *Ḥnᶜ* ist Adverb; vgl. Gardiner, a.a.O. § 205; Edel, a.a.O. 20[209]. Die Stelle ist m.E. dahingehend zu verstehen, daß das Feuer alle traf, obwohl die überlebende Schlange von sich behauptet, sie hätte mit den anderen nicht gemeinsame Sache gemacht. In der Parallele ist *3m* nicht transitiv[210], sondern intransitiv, da ein Objekt fehlt. *Nj* bezieht sich, wie vorher, auf *ḫt* "Feuer". Nicht ganz klar ist die spezifische Bedeutung von *m ḥrj-ἰb.sn*; man möchte vermuten, daß es hier etwa "ihr (d.h. der als *n3* bezeichneten) Zentrum" bedeutet[211].

Obwohl die Konstruktion *ᶜḥᶜ.n.f* + Pseudopartizip nur fietische Bedeutung haben kann[212], ist die von Erman eingeführte gefühlsbetonte Interpretation der Stelle mit der angenommenen Bedeutung "ich hatte Leid um sie"[213] allgemein gefolgt worden. Es ist dies ein typischer Fall einer Übertragung moderner Denkart in das völlig anders gelagerte ägyptische Denken.

---

206 Siehe Gardiner, Egyptian Grammar[3] § 511.3.

207 Die Abwesenheit wäre unbegründet, so daß es als Zufall angesehen werden müßte. Dies wäre jedoch kein moralischer Grund und widerspräche dadurch der geistigen Orientierung des Textes.

208 Vgl. Satzinger, Die negativen Konstruktionen § 53; Sinuhe B 223 f. ist eine gute Parallele, indem "niemals war sie in meinem Sinn" zu verstehen ist.

209 Vgl. auch Hammamat 113.

210 So Faulkner, Concise Dictionary 3. Zur Stelle vgl. auch Edel, a.a.O. 32.

211 Man muß hier auch Zl. 101 bedenken, die vielleicht eine spezifische Bedeutungsnuance besitzt.

212 Vgl. Gardiner, a.a.O. 482.

213 Erman, ZAS 43, 1906, 17.

In seiner konkreten Nüchternheit konnte es eine dermaßen fiktive Situation wie "ich wäre fast um sie gestorben" gar nicht ausdrücken. *Mt n* ist gut nachgewiesen in der Bedeutung "durch jem. sterben"[214], was entsprechend auch hier angenommen werden muß. Die Verbindung mit der Gruppe der "75 Schlangen" wird als Ursache des Todes hingestellt, was auch Möglichkeiten für die übertragene Bedeutung der Erzählung öffnet. Die doppelte Bedeutung trifft auch für *gmj* zu, das neben "finden" auch übertragen als "herausfinden, feststellen" vorkommt[215]. *St* verweist auf *n3*; vgl. dazu oben Zl. 130 und Gardiner, Egyptian Grammar^{3} § 511.3. *Ḫ3jt* ist m.E. mit dem pluralischen *ḫ3wt* in Lebensmüder 44 zusammenzubringen, das die körperlichen Reste des Menschen bezeichnet. *Wᶜt* könnte auch adverbial verstanden werden, was besseren Sinn als eine adjektivische Erklärung geben würde[216].

ʾIr  wird seit Erman[217] als Verschreibung von **ỉr ḳn.n.k* als Zusicherung an den Schiffbrüchigen verstanden. Daß bereits früher (Zl. 117 ff.) die Ankunft des Schiffes vorhergesagt war, wird dabei außer acht gelassen, wie auch das Fehlen jeglicher inneren Verbindung mit der vorangehenden, eindeutig moralisierenden Erzählung. Um diesen zu erstellen, muß *ỉr* als Einführung einer unerfüllten Bedingung verstanden werden. Auf diese Weise wird die Erzählung der Schlange durch eine Anwendung der vorgebrachten Moral, daß psychische Stärke selbst in scheinbar ausweglosen Situationen nötig ist, abgeschlossen. *Ḳn* gehört zu den Schlüsselbegriffen der Entstehungszeit unserer Dichtung und läßt sich am besten als Ausdruck der Mannhaftigkeit eines Individuums wiedergeben[218]. 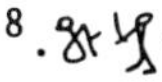 ist unterschiedlich aufgefaßt worden. Erman[219] verstand es als Imperativ,

214 Wb.II 116,2.

215 Vgl. Wb.V 168, sowie oben Zl. 61; Merikare^{c} P.25; Pap. Millingen 2,2.

216 Formal wäre es mit Bildungen wie *wrt* oder *ᶜ3t* zusammenzustellen; vgl. dazu Edel, Altägyptische Grammatik § 750.

217 ZÄS 43, 1906, 17.

218 Vgl. insbesondere Sinuhe B 107, wo entgegen Gardiner's Ansicht (Notes on the Story of Sinuhe 44) *rḫ.n.f ḳn.n.ỉ* "als er erkannte, daß ich tapfer gewesen war" zu lesen ist. Vgl. auch Merikare^{c} P. 93, wo *ḳnj* geradezu die Bedeutung "siegen" hat, sowie Merikare^{c} P.32.

219 Literatur 61 "so bezwinge dein Herz" mit der Erklärung "so wie ich es damals getan habe".

was von Lefèbvre[220] und Brunner-Traut[221] übernommen wurde, während Dévaud[222] es *d3jr ỉb.k* las und mit "si ta patience est a toute épreuve" (litt. "si valéreuse est a toi la domination de ton coeur") übersetzte, worin ihm Vikentiev[223] folgte. Faulkner[224] liest *rwḏ-ỉb* "stout-hearted" und bezieht sich auf Urk.IV 1281,11 als Parallele[225]. Erman's imperativische Erklärung ist m.E. grammatikalisch unhaltbar, und es ist grundsätzlich Dévaud in seiner Lesung *d3jr ỉb* zu folgen. Dieses findet sich als zusammengesetzter Ausdruck in Ptahhotep 67[226] und Kagemni I,4[227]. In beiden Fällen, die in ihrer moralischen Motivierung mit unserer Stelle vergleichbar sind, läßt es sich mit "Selbstbeherrschung" übersetzen. Diese Bedeutung liegt m.E. auch hier vor, wobei *d3jr-ỉb.k* Subjekt von *ḳn* ist[228], gefolgt von dativischem *n.k*. Entsprechend ist "wenn deine Selbstbeherrschung für dich siegt" zu übersetzen. Die erstellte Bedingung spezifiziert eines der Hauptthemen der durch die Dichtung exemplifizierten Lehre.

Der adjektivische Nominalsatz ist mehrfach als Abschluß oder Einschub des *sḏm.f* Verbalsatzes behandelt worden, was dem prinzipiellen Charakter des

---

220 Romans et Contes 37 "maîtrise ton coeur".

221 A.a.O. 8 "bezwinge dein Herz".

222 RT 38, 1916, 199.

223 BIFAO 35, 1935, 32 "if thy patience will be strong enough".

224 Concise Dictionary 148.

225 Helck, Urkunden der 18. Dynastie (deutsch) 27 übersetzt "Beharrlichkeit", was gut in den Zusammenhang paßt. Piankoff, Le Coeur 116 nennt für *rwḏ ỉb* Admonitions 6,4, wo aber mit Faulkner, JEA 50, 1964, 30 *mʿr pw n ỉb.ỉ* zu lesen ist.

226 Die Stelle ist wohl besser "deine Selbstbeherrschung gleicht seine Schätze aus" zu lesen als Žaba, Les Maximes de Ptahhotep 72 "quand ton abnégation aurait (déjà) égalé ses richesses;" vgl. auch Piankoff, a.a.O. 123.

227 Scharff, ZAS 77, 1942,16 übersetzte wörtlich "Bezwingen des Herzens" als "Selbstbeherrschung", was überzeugender wirkt als Gardiner, JEA 32, 1946, 73 "self-denial".

228 So bereits von Sethe, ZAS 44, 1907, 85 vermutet.

Nominalsatzes nicht gerecht wird. Vikentiev[229] ist wohl zu folgen, wenn er die beiden letzten Glieder abtrennt und mit dem Nominalsatz verbindet. Das idyllische Bild hat selbstverständlich doppelte Bedeutung, wobei die Heimkehr in die Heimat, übertragen auf die Rückkehr in den geistigen Bereich verweist, wie es auch im "Gespräch eines Mannes mit seinem Ba" ausgedrückt wird[230].

Die beiden abschließenden Sätze des Abschnitts werden seit Erman als Schilderung der Reaktion des Schiffbrüchigen auf die Rede der Schlange angesehen[231]. Die scheinbare Ähnlichkeit mit Sinuhe B 252-253 und eine gewisse Verwandtschaft mit der Schilderung in Zl.75 mag dabei mitbestimmend gewesen sein[232]. Dagegen ist grundsätzlich einzuwenden, daß eine Entwicklung wie die Verschiebung von direkter Rede zu Narrativ im Text syntaktisch angezeigt werden müßte. Das Fehlen jeglicher Einleitung bzw. syntaktischer Trennung muß hier berücksichtigt werden. Das postulierte Pseudopartizip in unabhängigem Gebrauch als Einleitung wäre, wie Lefèbvre[233] betont, eine außergewöhnliche Konstruktion. Da diese jedoch

---

229 A.a.O. übersetzt "And what is more beautiful than anything, thou wilt reach the native country and thou wilt live there in the midth of thy brothers" ohne seine Ergänzungen, die unnötig erscheinen.

230 Vgl. dazu Goedicke, The Report about the Dispute of a Man with his *Ba* 53.

231 Erman, Literatur 61 "Da streckte ich mich vor ihr auf den Bauch und berührte den Boden vor ihr". Vikentiev, a.a.O. "Now, while I was stretched on my belly, I touched the ground before him". Lefèbvre, Romans et Contes 37 "Alors, étant étendu sur mon ventre, je touchai (du front) le sol devant lui". E.Brunner-Traut, a.a.O. "Da streckte ich mich auf den Bauch und berührte den Boden vor ihr". Vgl. auch Westendorf, Der Gebrauch des Passivs 77 "ich war zusammengerafft (?) auf meinem Bauche".

232 Als Folge scheint 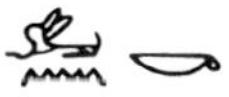 kommentarlos von allen Übersetzern in **wn.kwj* emendiert worden zu sein.

233 Grammaire § 666. Die Konstruktion wird auch von Gardiner, Egyptian Grammar^3 § 326 (ohne Kommentar) genannt, ohne daß man sich am Unterschied in der Schreibung der Endungen gestoßen hätte. Die Widersprüche lösen sich bei einer Überprüfung des Hieratischen (Gardiner, Die Geschichte des Sinuhe, Hieratische Papyrus Berlin V, Tf. 13), indem sich zeigt, daß 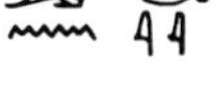 zu lesen ist. Zur Kurzschreibung

nicht nachgewiesen ist und für eine Emendierung kein zwingender Anlaß vorliegt, muß die Stelle in der vorliegenden Form akzeptiert werden. Dabei läßt sich nicht mit Sicherheit entscheiden, ob sie exklamatorisch oder hortativ verstanden werden muß. *Wn.k rf* ist sicherlich perfektisches *sḏm.f*[234] und entsprechend "du wirst sein" oder "du sollst sein" zu übersetzen. Nachdem hiermit erstellt ist, daß dieser Satz noch zur Rede der Schlange gehört, eröffnet sich auch das Verständnis für den Rest dieses Abschnitts. Der Pseudonominalsatz beschreibt den Zustand, in dem die Schlange sein wird; *Dm3* wird Wb.V 452,4 mit *dwn* verglichen und von Faulkner[235] "to be stretched out" übersetzt. Das Wort hängt aber sicherlich mit "zusammenbinden" zusammen[236], das auch für überwundene Feinde bzw. Übeltäter gebraucht wird. Es scheint hier in doppeltem Sinn gebraucht; einerseits scheint es die Schlange in ihrem eingerollten Zustand zu beschreiben, andererseits mag auch die puritive Bedeutung von *dm3* hier hereinspielen. Entsprechend kann *ḥr ẖt.ỉ* auf zwei Arten verstanden werden. Im Rahmen der wörtlichen Erklärung ist es als "während ich auf meinem Bauch eingerollt liege", im unterliegenden tieferen Sinn hingegen ist es als "während ich zusammengebunden bin wegen meines Leibes" zu verstehen. *Dmj.n.j*[237] *s3tw* kann als Konsekutiv- oder als Umstandssatz

von  vgl. Möller, Hieratische Palaeographie I 283 und Sinuhe B 202. Entsprechend muß *wn(n) kj r.f dwn.kwj ḥr ẖt.ỉ* "es war ein anderer, während ich auf meinem Bauche ausgestreckt war" gelesen werden. Zu *kj* in diesem Zusammenhang siehe auch Lebensmüder 83 und Goedicke, a.a.O. 141.

234 Vgl. Gardiner, Egyptian Grammar[3] § 448; zur Konstruktion vgl. auch § 450.4 und § 252.3c.

235 Concise Dictionary 312. Die von Gardiner, Hieratic Papyri British Museum III (Text) 30,10 abgeleitete Kritik an der Wb.V 452,1 gegebenen Erklärung der Bezeichnung *dm3t-pḏwt* der Göttin Nechbet als "die die Bogen zusammenbindet" ist zurückzuweisen, wie auch seine Übersetzung der Bezeichnung als "stretcher of bows". *Dm3* vom Ausbreiten der Flügel kommt erst im Totenbuch auf und ist eine Ableitung von *tm3*, während die Bezeichnung der Nechbet als *dm3t-pḏwt* bereits im Alten Reich (Borchardt, Das Grabdenkmal des Königs Sa3hu-re' II Taf. 8) vorkommt.

236 Vgl. auch Montet, Scènes de la vie privée 197 und idem, Ägyptologische Studien, Festschrift Grapow, 236.

237 Die Alliteration zwischen den beiden Verben ist nicht zu übersehen.

verstanden werden, wobei m.E. ersterem der Vorzug zu geben ist[238]. Entsprechend ist "weil ich die Erde berührt hatte" zu übersetzen. Derselbe Ausdruck findet sich auch Sinuhe B 200[239], wo es deutlich als Beschreibung der Proskynesis zu erkennen ist. Die Gegenüberstellung von *pt* (Himmel) und *s3ṯw* (Erde) in Admonitions 12,10 eröffnet darüber hinaus die Möglichkeit einer metaphorischen Verwendung von *s3ṯw*. Das abschliessende *m-b3ḥ.f* bezieht sich auf den ganzen Abschnitt, von *wn.k rf* angefangen, wie es auch in Sinuhe B 252-253 gebraucht ist. Das Suffix *.f* kann nur auf den am Anfang des Abschnitts genannten Re^c zurückverweisen, vor dem der Schiffbrüchige glücklich existieren soll, während die Schlange zu ewigem Dahinkriechen verurteilt ist[240].

Beeindruckt von dem Geschick der Schlange verspricht der Schiffbrüchige, sich für sie zu verwenden (Zl. 138-144):

ZUSICHERUNGEN DES SCHIFFBRÜCHIGEN (Zl. 138-144)

"Da sagte ich zu ihr: 'Ich will deinen Ruhm dem Souverän erzählen. Ich will veranlassen, daß er von deiner Größe erfährt und ich will veranlassen, daß dir gebracht wird *ḥknw*-Balsam und Kuchen von Balsam, dem Tempelweihrauch, womit jeder Gott zufrieden gestellt wird. Dann werde ich die Geschehnisse erzählen, mit meinem Blick auf das, was ich gesehen habe, und von deiner Macht. Und man wird dir danken in der Hauptstadt angesichts der Beamtenschaft des ganzen Landes".

Zu der betonten Einleitung *ḏd.ỉ rf n.k* vgl. Sinuhe B 45. *Sḏd* ist futurisch erklärt worden[241], was aber mehr modernem als ägyptischem Sprachgefühl zu entspringen scheint. Zu *b3w* "Ruhm", bzw. "Macht" eines göttlichen Wesens vgl. Sinuhe B 63, sowie Žabkar, A Study of the Ba 7 ff. Auch wenn es nicht möglich ist, die volle Bedeutung von *ỉtj* zu erfassen, kann doch an dem souveränen Bedeutungsgehalt des Ausdrucks kein Zweifel bestehen. Es wird gerade im frühen Mittleren Reich als Bezeichnung des höchsten Herrn[242] verwendet und findet sich in diesem Sinn auch in der

238 Die Alternative ist "indem ich die Erde berührte".

239 Vgl. auch Gardiner, Notes on the Story of Sinuhe 72.

240 Die Ähnlichkeit zu Genesis 3:14 ist nicht zu übersehen.

241 Lefèbvre, Grammaire § 250; Gardiner, Egyptian Grammar³ § 450.3.

242 Zu *ỉtj* im Alten Reich vgl. Goedicke, Die Stellung des Königs 49 ff.

Literatur[243]. *Sš3/šs3* ist wiederholt nachgewiesen, wobei es insbesondere die Eigenschaft von "Erfahrung" im Unterschied zu "Wissen" bezeichnet[244]. Außer der Information verspricht der Schiffbrüchige, sich auch um die Lieferung der im Tempelkult verwendeten Ritualgaben zu sorgen. *ʾInt* wurde von Westendorf[245] als passives *sḏm.tw* angesehen, doch ist im Hinblick auf das ausgeschriebene *.tw* in Zl. 143 hier eher ein Infinitiv zu vermuten[246]. Identifizierung und Bedeutung von *ỉbj* und *ḥknw* ist nicht völlig klar[247]; die hier vorgeschlagene Verbindung der beiden Ausdrücke ist eine durch das Folgende angeregte Vermutung. Seit Erman[248] wird angenommen, daß  eine weitere Drogenbezeichnung ist. Ein solches Wort ist somit nirgends nachgewiesen, was verwundern muß, da man im vorliegenden Zusammenhang eine allgemein bekannte und verwendete Spezerei erwarten dürfte. Dazu kommt ferner die halb syllabische Schreibung, die in dieser Form keine Parallele hat. Es liegt hier m.E. eine Zusammenziehung von *ỉw* und *dnb* vor. Ersteres ist Infinitiv wie *ỉnt*, während *dnb* mit dem in Urk. IV 1952,15 genannten *ḏnb* zu identifizieren ist. Es bezeichnet sicher keine Spezerei, sondern die Form des anschließend genannten Räucherwerks. Zu diesem, genannt *ẖz3jt*, vgl. v. Deines-Westendorf, a.a.O. 418. *Snṯr n gsw-pr* ist vermutlich keine weitere Spezerei, was den ausgewogenen Aufbau zerstören würde, sondern vielmehr Apposition zu *ẖz3jt*. Beide Angaben weisen darauf hin, daß die Spezereien königliches Monopol waren, wobei es beim Räucherwerk verschiedene Arten gab. Zur Konstruktion von *sḥtpw* vgl. Lefebvre, Grammaire § 451; Westendorf, Der Gebrauch des Passivs 125.

---

243 Unten Zl. 174; Sinuhe R 1; B 267; Westcar 9,6; Ptahhotep 7.

244 Lebensmüder 84; Sinuhe B 33; B 216; Merikarêᶜ P. 148, 149-50; Neferti 67.

245 Der Gebrauch des Passivs 87.

246 Zur Konstruktion vgl. Gardiner, a.a.O. § 303.

247 *ʾIbr* wurde von Ebell, ZAS 64, 1929, 48 f. als "Ladanum" identifiziert, was von Lefèbvre, Médicine Égyptienne de l'époque pharaonique und von Deines-Grapow, Wörterbuch der ägyptischen Drogennamen 23 ff. übernommen wurde. Die Bedeutung von *ḥknw* wurde als "Malabathron" vorgeschlagen; vgl. von Deines - Grapow, a.a.O. 384.

248 Golenischeff, Le conte du naufragé 20 f. will daraus Schlüsse auf die Sprache von Punt ziehen. Wb.I 59,9 nennt es als "eine Art Räucherwerk".

Bei der Berichterstattung wird zwischen der an den Herrscher und der an die Verwaltungsbehörden unterschieden, was vermutlich die Praxis wiederspiegelt. Es ist lohnend, die beiden Formen zu kontrastieren. Im Bericht an den Herrscher wird von der Macht des göttlichen Wesens gesprochen und zu einer Lieferung aus dem königlichen Monopol aufgefordert; im Bericht an die Verwaltung werden die Erlebnisse gemeldet. Zu *ḫprt* "Ereignisse" vgl. Urk.VII 34,10; Merikareᶜ P.137, Sinuhe B 35. In *ḥr.ỉ m m3t.n.ỉ m b3w.f* ist m.E. ein adverbialer Nominalsatz zu sehen[249]. In Struktur und syntaktischem Gebrauch ist er mit *ỉb.ỉ m snw.ỉ* (Zl.42) vergleichbar, wobei *ḥr* wie in Zl.61 metaphorisch mit der Bedeutung "Blick" gebraucht ist. Da ein Idiom *m33 m* m.W. nicht nachgewiesen ist, kann *m b3w.f* als Parallele zu *m m3t.n.ỉ* angesehen werden[250]. Wahrscheinlicher aber ist *m* hier als Einführung eines distributiv genannten Objekts zu verstehen, d.h. daß nur ein Teil und nicht das ganze Objekt gesehen wurde[251]. Gardiner[252] emendierte *b3w.f* in *b3w.k*, was allgemein übernommen wurde. Zur offiziellen Danksagung vgl. unten Zl. 176.

Den offiziellen Handlungen nach der Heimkehr werden die persönlichen Aktionen gegenübergestellt (Zl. 144-148):

---

249 Die Stelle ist recht freizügig übersetzt worden. Erman, ZAS 43, 1906, 18 liest "Erzählen werde ich, was mit mir geschehen ist und von dem, was ich durch seine Macht geschaut habe", idem, Literatur 61 "Ich werde erzählen, was mir begegnet ist und von dem, was ich gesehen habe". Lefèbvre, Romans et Contes 37 "Je raconterai donc ce qui est arrivé (dans cette île), ayant présent à l'esprit ce que j'aurai vu par l'effet de (ta) puissance" und idem, Grammaire § 467 "certes je raconterai ce qui est arrivé (en cette île), me rappelant (?) ce que j'ai vu par l'effet de (ta) puissance". E.Brunner-Traut, a.a.O. 8 "Ich werde erzählen, was mir widerfahren ist, was ich von (deiner) Macht gesehen habe. Keine dieser Übersetzungen wird dem Wortlaut gerecht; nur Vikentiev, a.a.O. 32 bildet eine Ausnahme mit "I will then relate what happened to me, my sight being on what I have seen by thy will".

250 An eine phonetische Umformung von **n b3w.f* zu denken würde kaum Sinn ergeben. Die vorliegende Konstruktion findet sich auch unten in Zl. 149.

251 Zu diesem partitiven Gebrauch von *m*, der bisher ungenügend beachtet wurde, vgl. James, The Hekanakhte Papers 104; Urk.I 23,8; 179,13.

252 ZAS 45, 1908, 66.

DANKESTATEN FÜR DIE SCHLANGE (Zl. 144-148)

"Ich will dir Rinder als Brandopfer schlachten und für dich Gänsen den Hals umdrehen. Ich will veranlassen, dir Schiffe, beladen mit allen Herrlichkeiten, von Ägypten zu bringen, wie für Gott getan wird, der die Menschen in ferner Erde liebt, ohne daß die Menschen ihn kennen".

Sfṯ kommt auch Sinuhe 195 und Admonitions 8,11 vor, während *wšn* nicht in literarischen Texten aufscheint; vgl. aber Griffith, Siut and Dêr Rîfeh 19,27. Zu *špssw* vgl. auch Admonitions 2,4; 8,1; Westcar 7,21; Sinuhe B 187; 285. Zum abschließenden Satz vgl. Lefèbvre, Grammaire § 436. Im Gegensatz zur allgemeinen Ansicht[253] ist m.E. das abschließende *n rḫ sw rmṯ* nicht auf *t3*, sondern auf das vorangehende *nṯr* zu beziehen. Da *t3* durch *w3(w)* determiniert ist, erübrigt sich eine weitere Determinierung.

Die vom Schiffbrüchigen in typischer Dankesfreude gemachten Versprechen werden von deren Adressat nicht ernst genommen (Zl. 149-154):

DIE SCHLANGE LACHT ÜBER DIE VERSPRECHEN (Zl. 149-154)

"Und als er über mich und über das, was ich gesagt hatte als einer, der unrecht in seinem Sinn ist, gelacht hatte, sagte er zu mir: 'Bist du reich an Myrrhen? Bist du ein Besitzer von Weihrauch? Ich bin wahrlich ein Herrscher von Punt! Myrrhe gehört mir wirklich! Jener *ḥknw*-Balsam, den zu bringen du mir versprachst - der Reichtum dieser Insel ist es, während sie existiert. So du dich von diesem Platz entfernt hast, wirst du niemals diese Insel wiedersehen, indem sie zu Flut geworden ist'".

Sbṯ "lachen" als Reaktion der Schlange steht im Gegensatz zu der Angst des Menschen (vgl. Zl.111 f.); die Bedeutungsnuance von *sbṯ* läßt sich durch Admonitions 3,13 als gelöste Freude, geradezu im Sinne des "homerischen Gelächters", erkennen. Von *sbṯ* hängen zwei durch *m* eingeführte

---

253 Vgl. auch Satzinger, Die negativen Konstruktionen § 10. Die postulierte Beziehung des negierten Relativsatzes auf *t3* "Land" führt zu einer unlogischen Situation, da "die Menschen" nicht in einem fernen Land sein können, "das sie nicht kennen". Hier scheint deutlich die Vorstellung von Gott als guten Hirten mitzuschwingen, wie sie sich auch Merikare[c] P. 131 findet.

Objekte ab, eine Konstruktion, wie sie auch in Zl. 143 vorzuliegen scheint. *M nf m ỉb.f* ist unterschiedlich erklärt worden[254]. Es kann aber nur als Spezifizierung der vorangehenden Nennung der Person angesehen werden und ist entsprechend als Qualifikation der Rede zu werten. Dies erfordert, *nf m ỉb.f* als Kompositum zu betrachten und "als einer der töricht ist in seinem Herzen" zu übersetzen[255]. Zu *nf* vgl. Admonitions 5,12; 11,5; 13,5.

 ist unterschiedlich, jedoch stets als negierter Satz aufgefaßt worden[256]. Daß er mit dem Nachfolgenden ein Paar bildet, ist dabei weitgehend erkannt worden. Die auf Erman zurückgehende deskriptive Auffassung der Stelle wurde allgemein übernommen, obwohl Sethe[257] und Gardiner[258] vorschlugen, hier Fragen zu sehen. Die negative Auffassung des ersten Satzes führt zu gewissen Widersprüchen innerhalb

---

254 Erman, ZAS 43, 1906, 19 "was ich als etwas für sie Törichtes (?) gesagt hatte"; Dévaud, RT 38, 1916, 201 "il rit de moi et de ce que j'avais dit, avec de la malice dans son coeur"; Vikentiev, a.a.O. 33 "because of what I said by ignorance"; Erman, Literatur 61 "was ich gesagt hatte als etwas, was ihr töricht schien"; Lefèbvre, Romans et Contes 38 "ou plutôt de ce que j'avais dit et qu'il estimait insensé"; E.Brunner-Traut, a.a.O. "da lachte er über mich, oder vielmehr über das, was ich gesagt hatte und das so töricht war für ihn".

255 Zur Konstruktion vgl. Gardiner, Egyptian Grammar[3] § 367; ähnlich ist Sinuhe B 52 *ỉr(w) m ḫpš.f* "einer der mit seinem Arm handelt".

256 Erman, ZAS 43, 1906, 19 "Myrrhen hast du nicht viel; alles, was (da) ist (?), (ist nur ?) Weihrauch" idem, Literatur 61 "viel Myrrhen hast du nicht, du besitzest nur Weihrauch"; Vikentiev, a.a.O. "thou wouldst not have too much *anti*, if thou wouldst become possessor of the incense of the temple"; Lefèbvre, Romans et Contes 38 "tu n'as pas beaucoup d'oliban, tandis que tu es né possésseur de résine de térébinthe";idem, Grammaire § 630 "tu ne possédes pas beaucoup d'oliban"; E.Brunner-Traut, a.a.O. "du bist doch nicht reich an Myrrhen, da du ja nur als Herr von gewöhnlichem Weihrauch geboren bist".

257 ZAS 44, 1907, 86 "hast du (hier) nicht viel Myrrhen? Alles, was (hier) ist, ist ja Weihrauch".

258 ZAS 45, 1908, 66 "Hast du (hier) nicht viel Myrrhen, und bist du nicht ein Besitzer von Weihrauch geworden?"

des Textes, die durch eine Übersetzung "du bist nicht reich an Myrrhen, (auch wenn) du ein Besitzer von Weihrauch bist" überbrückt werden konnte. Eine Schwierigkeit bleibt jedoch der Ausdruck *nb snṯrw* "Besitzer von Weihrauch", der wegen des Fehlens eines weiteren Hinweises auf *snṯrw* ungelöst bliebe. Dazu kommen innere Widersprüche, die nicht übersehen werden dürfen. Wären die beiden Sätze Aussagen, würden die nachfolgenden Aussagesätze kontrastlos angeschlossen sein. Auch würde die Aussage der Schlange den Reichtum des Herrn des Schiffbrüchigen, der ja zu der Sendung der Spezereien aufgefordert werden soll, in Frage stellen. Diese Schwierigkeiten lösen sich, wenn man die beiden Sätze als Fragen ansieht. Im Gegensatz zu Sethe und Gardiner liegt m.E. hier keine rhetorische Frage vor, sondern  ist als Schreibung für die Fragepartikel *ỉn* anzusehen. Das sich dadurch ergebende "Hast du denn viele Myrrhen? Bist du ein Besitzer von Weihrauch?" richtet sich direkt an den Schiffbrüchigen und betrifft nicht die Reichtümer seines Herrn. Zu  für *ỉn* siehe Bauer B 1,2; Sinuhe R 20 und vermutlich auch Lebensmüder 31; vgl. ferner Gardiner, Notes 11, 153 und Gunn, Studies in Egyptian Syntax 89 f.  ist m.E. mit Gardiner als Pseudopartizip *ẖpr.tj* zu verstehen; zu *nb snṯrw* wörtl. "Besitzer von dem was göttlich macht" vgl. auch Lebensmüder 33.

In Kontrast zu den beiden Fragen steht die Aussage *ỉnk ỉs ḥḳ3 Pwnt*, die allgemein als "ich bin aber der Herrscher von Punt" verstanden wurde und zu der Annahme führte, daß der Schiffbruch bei Punt stattfand[259]. Nimmt man jedoch *ḥḳ3 Pwnt* metaphorisch als Ausdruck für unbegrenzten Reichtum an Myrrhe, bekommt die Stelle wesentlich besseren Sinn. Vgl. dazu insbesondere auch den metaphorischen Gebrauch von Punt bei Grapow, Bildliche Ausdrücke 65 f. Zu *ᶜntjw n.ỉ ỉm sw* vgl. Sinuhe B 222, sowie Gardiner, Egyptian Grammar § 114[260].

Bw, wenngleich von *wr* getrennt, ist wohl als Teil eines Abstraktums **bw-wr* anzusehen[261], wie dies bereits Erman vorgeschlagen hat. Unklar bleibt, ob das anschließende *n* genitivisch oder dativisch zu verstehen ist; die Zweideutigkeit ist vermutlich beabsichtigt. Seit Erman ist es üblich[262], den Text nach *ỉw pn* zu teilen und mit *ẖpr* einen neuen Satz zu beginnen.

---

259 Vgl. insbesondere Wainwright, JEA 32, 1946, 34.

260 Vgl. auch Lefèbvre, Grammaire § 639. Die Verwendung von *sw* deutet darauf hin, daß *ᶜntjw* von den Ägyptern als Singular angesehen wurde.

261 Vgl. dazu Edel, Altägyptische Grammatik § 261.

262 Vgl. Lefèbvre, a.a.O. § 609.

Es wird dabei angenommen[263], daß *ḫpr* den nachfolgenden Satz als Subjekt hat, wobei die Partikel *ỉs* unberücksichtigt gelassen wird. Letzteres, wie die einmalige Konstruktion, muß verwundern. Dazu kommt, daß der ganze Abschnitt (Zl.152-154) deutlich gegliedert ist, was insbesondere durch das zweimal vorkommende *ỉw pn* verdeutlicht wird. Im zweiten Fall kann kein Zweifel bestehen, daß *ỉw pn* durch *ḫpr m nwj* spezifiziert ist. Parallel dazu ist auch im ersten Fall *ḫpr* an *ỉw pn* anzuschließen und entsprechend eine andere Satzteilung vorzunehmen. Das sich dadurch ergebende nicht-enklitische *ỉs* als Einleitung bildet nicht das Problem, für das es angesehen werden könnte. Es findet sich im Altägyptischen und ist auch in Sinuhe B 222 nachgewiesen[264]. *Ḫpr* ist in beiden Fällen perfektisches Partizip[265]; zu *ḫpr m* vgl. jetzt auch Anthes, JNES 18 (1959) 196; idem, Wilson Festschrift 1 f. In dem Parallelismus wird der Zustand der "Insel" in der Gegenwart und nach dem Verlassen gegenübergestellt[266]. Der unterliegende Sinn des Abschnitts ist deutlich zu erkennen, wie unten ausgeführt wird.

Nachdem in dem Dialog wesentliche Punkte, wie die Bedeutung materieller Güter, in Wechselrede diskutiert worden war, folgt ein kurzer Bericht über das Auftauchen des angekündigten Schiffs und die Verabschiedung des Schiffbrüchigen durch die Schlange (Zl. 154-160):

ERSCHEINEN DER RETTUNG UND ABSCHIED (Zl. 154-160)

"Dann kam jenes Schiff heran, wie sie es vorher angekündigt hatte. Und dann ging ich und begab mich auf einen hohen Baum, und ich erkannte, die in seinem Innern waren. Und dann ging ich, um es ihr zu berichten, doch fand ich, daß sie es schon wußte. Und dann sagte sie zu mir: 'Mögest du

---

263 Gardiner, Egyptian Grammar[3] § 188; Lefebvre, a.a.O. § 585.

264 Vgl. Edel, Altägyptische Grammatik § 858; siehe auch Gardiner, Notes on the Story of Sinuhe 86, der zu *ỉst* emendieren möchte.

265 Man könnte versucht sein, im zweiten Fall futurische Bedeutung anzunehmen (vgl. Gardiner, Egyptian Grammar[3] § 368), doch ist der scheinbar prospektive Charakter eher durch das vorausgehende *nn sp* hervorgerufen.

266 Vgl. auch Satzinger, a.a.O. § 14.

gesund sein! Kleiner! bis zu deinem Hause! Mögest du deine Kinder sehen. Gib meinen wahren Namen in deiner Heimat! Siehe, meine Forderung an dich ist es!'"

Wie sich aus dem Folgenden (Zl.169 f.) ergibt, wird hier vom Herannahen des Schiffes, nicht aber von dessen Ankunft gesprochen. Die Beschreibung ist in kurze Abschnitte unterteilt, die jeweils durch *ᶜḥᶜ.n* eingeleitet werden. Grammatikalisch enthält der Abschnitt keine Schwierigkeiten[267]. Etwas ungewöhnlich mag die Formulierung *rdj.n(.ỉ) wj ḥr ḫt ḳ3* erscheinen, da man eher einen Ausdruck für "besteigen" (*ḫnd?*) erwarten würde. Die Wortwahl scheint jedoch durch die Orientierung der übertragenen Bedeutung des Textes bedingt. Die Ankunft des Schiffes (*dpt*) ist m.E. als Metapher für den herannahenden Tod zu werten und bedient sich dabei desselben Bildes, das auch im ersten Gleichnis des Ba im "Lebensmüden" gebraucht ist[268]. Der Tod wurde ihm von der Schlange vorausgesagt, was wiederum hilft, deren Symbolik als Repräsentativ des "materiellen Lebens" zu erkennen. Die Reaktion, wörtlich "ich gab mich auf *ḫt ḳ3(w)*", läßt zwei Deutungen zu; die eine, wörtliche, sieht *ḫt ḳ3* als "hohen Baum", die übertragene Bedeutung verwendet den Ausdruck *rdj ḥr ḫt* "auf jemandes Autorität geben"[269] und ist demnach als "ich gab mich auf (d.h. unter) die Autorität des Hohen" zu verstehen[270]. Das Ergebnis ist das Erkennen derer, die bereits im Schiffe sind. Die Verwendung von *ntjw* in diesem Zusammenhang klingt an die Bezeichnung *ntjw-ỉm* "die die dort sind" für die Verstorbenen an[271].

Wenn man davon ausgeht, daß die Schlange das physische Dasein symbolisiert, wird es verständlich, warum das Herankommen des Schiffes (d.h. des Todes) bereits bekannt war. Die Wünsche, die dem Sterbenden auf den Weg

---

267 Zu *smjt* vgl. Gunn, Studies in Egyptian Syntax 67, der hier einen passiven Infinitiv sehen will, im Gegensatz zu Westendorf, Der Gebrauch des Passivs 140.

268 Siehe dazu Goedicke, The Report about the Dispute of a Man with his *Ba* 133.

269 Vgl. Wb.III 340,18; siehe dazu Goedicke, Private Rechtsinschriften aus dem Alten Reich 222 ff.

270 Zu *ḳ3w* als ein Epithet des Reᶜ siehe Goedicke, JARCE 5, 1966, 134.

271 Wb.II 355,9; vgl. auch *ntj-ỉm* in Lebensmüder 142, 144, 145 im Zusammenhang mit der Beschreibung der Jenseitshoffnungen.

gegeben werden[272], betreffen die Reise bis zum Eintreffen in der Heimat, deren übertragene Bedeutung als "geistige Heimat" m.E. deutlich erkennbar ist. Der Wunsch, die Kinder zu sehen, greift einen bereits in Zl. 133 ausgesprochenen Gedanken[273] erneut auf. Die Wünsche für den Scheidenden werden von Wünschen des Zurückbleibenden begleitet. *ꜣIm rn.ỉ nfr m nỉwt.k* wurde als "laß meinen Namen gut sein in deiner Stadt" übersetzt[274], wogegen jedoch grammatikalische Bedenken einzuwenden sind. Erman's Erklärung[275], die von Gardiner und Lefèbvre übernommen wurde, verschiebt die Emphase im Satz und kommt dadurch zu einem anderen Sinn. Die Aufforderung besteht nur aus dem Imperativ *ỉm rn.ỉ* "gib meinen Namen"[276]; der Pseudo-nominalsatz qualifiziert *rn.ỉ* und ist daher "der gut war (bzw. sein möge) in deiner Stadt" zu übersetzen. Die Stelle enthält m.E. eine Aufforderung, den Namen oder die Art zu nennen, die guten Ruf hatte; in der metaphorischen Bedeutung bleibt es unklar, ob *nỉwt* die irdische oder geistige Heimat bezeichnet. Das abschließende *mk ẖrt.ỉ pw ỉm.k* begründet die vorangehende Aufforderung *ỉm rn.ỉ*. Es ist weniger ein Ausdruck der Großzügigkeit[277] als die Einsicht in die Beziehung zwischen den Gesprächspartnern.

---

272 Vgl. Grapow, Wie die alten Ägypter sich anredeten III 115.

273 Die metaphorische Bedeutung der Nennung der Kinder ist vielleicht am besten als "Hoffnungen" zu verstehen; ähnlich wird Lebensmüder 74, 78 *msw* für "Aussichten" gebraucht.

274 Erman, ZAS 43, 1906, 21. Gardiner's Einwände (ZAS 45, 1908, 66) erwiesen sich als nicht stichhaltig, da die Schreibung *rn.ỉ* sicher ist. Vikentiev, a.a.O. 34 übersetzt "and cause my name to be good inthy city", Lefèbvre, Romans et Contes 38 "fais que mon renom soit bon dans ta ville", E.Brunner-Traut, a.a.O. 9 "mach mir einen guten Namen in deiner Stadt" und folgen damit alle derselben Auffassung, die auch von Gardiner, Egyptian Grammar[3] § 315 "cause my name to be fair in thy city" und Lefèbvre, Grammaire § 349 vertreten wird.

275 Ägyptische Grammatik[4] § 335.

276 *Rdj rn*, bzw. *ỉmj rn* ist eine ungewöhnliche Formulierung; vgl. *wdj rn ḥr* in Urk.I 276,4.

277 Lefèbvre, Romans et Contes 38, 33 sieht darin "voeu modest du Serpent qui, en échange de son acceuil amical, demande simplement qu'on lui fasse une bonne renommée en Egypte".

DANK UND ABSCHIEDSGESCHENKE (Zl. 161-165)

Für die gnädige Verabschiedung dankt der Schiffbrüchige und erhält dann noch reiche Gaben (Zl. 161-165):

"Da legte ich mich auf meinen Bauch mit meinen Armen gefaltet vor ihr. Dann gab sie mir ein Abschiedsgeschenk von Myrrhen, *ỉwdnb* Räucherwerk, Spezereien, *š3ᶜz*, Stibium, Schwänze der Giraffe, ein großes Stück Natron, Zähne von Elfenbein, Windhunde, Meerkatzen, Paviane und alle rechten Kostbarkeiten".

Zur Beschreibung der Reaktion, vgl. oben Zl. 68, 82 und 87 f. Die Liste der Gaben[278] ist recht eigenartig und war mit ein Grund, die geschilderten Ereignisse in Punt zu lokalisieren[279]. Abgesehen von der wörtlichen Bedeutung kann angenommen werden, daß dieser Abschnitt auch eine übertragene Bedeutung hat. Diese ist m.E. als Beschreibung der Präparation des Abgeschiedenen für seine weitere Existenz, d.h. die Bereitung der Mumie, zu verstehen. Wenn man den Abschnitt unter diesem Blickwinkel sieht, erhält er eine vertiefte Realität. Der erste Teil scheint auf das eigentliche Sterben zu verweisen, wobei besonders das Verschränken der Hände auffällig ist. Man wird vielleicht annehmen dürfen, daß der Sterbende in die Osirispose, d.h. mit vor dem Körper verschränkten Armen gebettet wurde. Dazu kommt ein Abschiedsgeschenk von Myrrhe und *ḥknw*, was in der übertragenen Bedeutung auf Riten für den Sterbenden in Form von Räucherung und Litanei hinweist. Die Nennung der anderen Güter hängt m.E. mit der Zubereitung der Leiche zusammen, wenngleich die einzelnen Wortspiele nicht voll erfaßbar sind.

In Zl. 141 wurde bereits vermutet, daß  nicht als selbständiger Ausdruck aufgefaßt werden darf, sondern in *ỉw* und *dnb* zu trennen ist,

278 *Zbjt* wird allgemein (Wb.III 432,6; Faulkner, Concise Dictionary 219) als "Fracht, Kargo" verstanden, was aber weder mit der Grundbedeutung von *zbj* "reisen, fortgehen" noch in den Zusammenhang der nachgewiesenen Belege paßt. Sinuhe B 291 *ỉw rdj zbjt n ḫ3st* gibt wenig Sinn in der traditionellen Übersetzung "a burden was given to the desert" (Gardiner, Notes on the Story of Sinuhe 112), es sei denn, man verwendet umständliche Erklärungen. Es hat vielmehr den Anschein, daß *zbjt* eine mit Reisen zusammenhängende Gabe ist, die abschließend als Dankopfer (Sinuhe B 291) oder zur Abreise überreicht werden kann. Letzteres ist m.E. hier und auch Pap.Lansing 4,10 anzunehmen.

279 Vgl. Wainwright, JEA 32, 1946, 34.

was m.E. auch hier anzunehmen ist, wobei das infinitivische *iw* von *rdj* abhängt. *Dnb* ist vermutlich als Verpackungsart zu verstehen, wobei es *ḫs3jt* spezifiziert; zum Ausdruck vergleiche oben Zl. 141. In 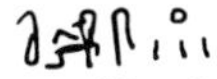 , das in der Parallele nicht genannt wird, wurde eine Bezeichnung für Zimt vermutet[280]. Hier könnte es als Zubereitungsart bzw. als Beimischung zu *ḫs3jt* verstanden werden[281]. Das Determinativ von *š3ʿz* (?), ursprünglich 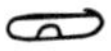 gelesen, wurde von Devaud[282] in  umgedeutet, was auch von Blackman[283], wenngleich zweifelnd, übernommen wurde. Wenngleich dies paläographisch möglich ist, scheint es nichtsdestoweniger kaum überzeugend, da dieses Zeichen nicht als Determinativ, was es hier sein müßte, belegt ist. Daher ist m.E. vielleicht eher an eine Lesung zu denken, was paläographisch möglich erscheint[284] und besseren Sinn ergeben würde. Das Wort *š3ʿz* scheint suspekt und Wb.IV 407,12 nimmt es als "verderbt".

Nach dem Erhalt der reichen Abschiedsgeschenke nehmen die Ereignisse ihren Lauf (Zl. 166-172):

KONTAKT MIT DEM RETTUNGSSCHIFF (Zl. 166-172)

"Und dann stapelte ich es für besagtes Schiff,und ich legte mich auf meinen Bauch,um ihr zu danken. Und dann sagte sie zu mir: 'Siehe, du wirst die Heimat in 2 Monaten erreichen. Mögest du deine Arme mit deinen Kindern füllen und mögest du frisch bleiben in der Heimat bis zu deiner Bestattung.' Und dann ging ich hinunter zum Ufer in der Nähe dieses Schiffes. Und dann rief ich zu der Truppe, die in diesem Schiff war. Und ich gab Preis auf dem Ufer an den Herrn dieser Insel und die, die darin (d.h. im Schiff) waren in gleicher Weise".

---

280 Vgl. von Deines - Grapow, a.a.O. 550. Im Hinblick auf die Lesung  für *šps* (vgl. Gardiner, JEA 37, 1951, 110), konnte auch ein Wortspiel mit *špsj* beabsichtigt sein. *Ḫs3jt* ist vielleicht mit Urk. I 127,1 zusammenzubringen.

281 *Tj-šps* als Teil eines Räuchermittels findet sich Pap. Ebers 71,17.

282 RT 38, 1917, 205. Erman, a.a.O. 21 hatte diese Lesung bereits ins Auge gefaßt.

283 Middle Egyptian Stories 47,1.

284 Vgl. Möller, Hieratische Paläographie I 492 (Sinuhe).

Für *3ṯp r dpt*, das traditionell mit "ein Schiff beladen" übersetzt wird, siehe Goedicke, The Report about the Dispute of a Man with his Ba 133. Die vorliegende Stelle ist wesentlich für das Verständnis des Ausdrucks, da hier deutlich ist, daß das Schiff noch nicht vom Schiffbrüchigen angerufen worden war. Somit kann es nur die Vorbereitungen zur späteren Ladung, nicht aber diese selbst betreffen. Der Satz *ḫpr.n rdt(.ỉ?) wj ḥr ẖt.ỉ* hat trotz seiner ungewöhnlichen Konstruktion keinen Kommentar gefunden[285]. Das infinitivische *rdt wj* dient offensichtlich als Subjekt zu *ḫpr.n*[286], so daß die Konstruktion nicht mit dem *ḫpr.nj* in Zl. 130 verglichen werden kann. Obwohl es naheliegend erscheinen mag, in *ḫpr.n* eine Hilfskonstruktion zu sehen, ist die vorliegende syntaktische Struktur doch eindeutig. Der mit *ḫrp.n* beginnende Satz gehört mit dem vorhergehenden zusammen und hängt wie dieser vom einleitenden *ᶜḥᶜ.n* ab. Entsprechend ist wörtlich "(und dann) geschah (mein) Hinlegen" zu übersetzen. Die eigenartige Konstruktion ist vermutlich durch die Notwendigkeiten der Doppeldeutigkeit des Textes bedingt. Die Auslassung des Suffixes nach *rdt* ermöglicht als zweite Lesung *rdt wj* "das mich Legen", d.h. daß der Körper ausgebreitet wurde, was m.E. eine Beschreibung der Zubereitung der Leiche enthält. Diese Erklärung der Stelle harmoniert mit den anderen Angaben, inklusive der Bereitung des Abschiedsgeschenks. Für *mk ṯw r spr* vgl. Bauer B 1,11, 12, 313, sowie oben Zl. 117. Die Konstruktion[287] drückt kein faktisches Futurum aus, sondern eher eine Absicht oder Aussicht, d.h. die Form hat eher eine konditionelle als eine indikativische Bedeutung. Die beiden *sḏm.f* Sätze, *mḥ.k* und *rnpj.k*, werden allgemein futurisch verstanden[288], doch ist m.E. eine hortative Auffassung eher angebracht[289]. Trotz

---

285 Die vorliegenden Übersetzungen werden der Formulierung nicht gerecht: Erman, ZAS 43, 1906, 22 "Als ich mich auf den Bauch geworfen hatte"; Lefèbvre, Romans et Contes 39 "puis, quand je me fus mis à plat ventre pour le remercier" mit der wörtlichen Erklärung "il arriva (ceci, à savoir)"; E.Brunner-Traut, a.a.O. 9 "(ich) warf mich auf den Bauch"; Vikentiev, BIFAO 35, 1935, 34 "Afterwards I placed myself on my belly in order to thank him" kommt dem Wortlaut näher.

286 Gardiner, Egyptian Grammar[3] § 188.1 vergleicht die Stelle mit Zl. 130. 153 und Neferti 1, die jedoch alle anders geartet sind.

287 Gardiner, a.a.O. § 332; Lefèbvre, Grammaire § 670.

288 Gardiner, a.a.O. § 450.3.

289 Vgl. dazu insbesondere die verwandte Stelle Sinuhe B 167-168 "mögen meine Glieder frisch sein".

der wiederholt vertretenen Übersetzung "jung werden"[290] muß betont werden, daß *rnpj* als Eigenschaftsverbum vor allem intransitiv ist[291]. Entsprechend kann hier nicht von "Verjüngung" gesprochen werden, sondern die Stelle kann nur ein Wunsch für den unveränderten Zustand nach der Bestattung sein[292]. Auffällig ist die Verwendung von *ḳrst*, das von Sethe[293] als passives *sḏm.tw.f* erklärt worden ist. Abgesehen von den orthographischen Ungereimtheiten scheitert eine derartige Erklärung am Fehlen einer adverbialen Bestimmung, die eine solche Aussage benötigen würde. Nach der Schreibung muß *ḳrst.k* ein Infinitiv sein, der auch absolut gebraucht sein mag. Da *ẖnw* im Kontext mehrmals als Substantiv verwendet ist, kann hier schwerlich an die zusammengesetzte Präposition *m-ẖnw* gedacht werden, deren Verbindung mit dem Nachfolgenden gewisse Schwierigkeiten bieten würde. Daher könnte an die Emendierung von *r* vor *ḳrst.k* gedacht werden. Wegen des Doppelsinns, der hier die Zubereitung der Mumie zu betreffen scheint, wurde diese m.E. ausgelassen. *Mrjt* "Uferdamm" findet sich auch in Pap. Westcar 7,11; 8,2; Bauer R 39; B 1,130; 1,260 und Lebensmüder 64; 135. Insbesondere letzteres ist eine deutlich erkennbare Metapher für "Lebensende"[294]. Für die Bedeutungsnuance "anrufen" von *ỉ3s* ist Sinuhe B 248 von Bedeutung[295]. Verwunderlich ist die Verwendung von  an dieser

290 Erman, a.a.O. "(wirst) dich in deinem Begräbnis verjüngen"; Lefèbvre, a.a.O. "tu redeviendras jeune"; E.Brunner-Traut, a.a.O. "(du) wirst dich in deinem Grabe verjüngen". Siehe auch Sethe, ZAS 44, 1907, 86 "du verjüngst dich am Hofe".

291 Vgl. Wb.II 432 ff. Transitive Verwendungen sind vor Amarna nicht nachweisbar.

292 Der für modernen Geschmack makabre Wunsch hat in Pap. Westcar 7,16 ff. und 7,23 eine Parallele; vgl. dazu auch Grapow, ZAS 77, 1941, 21 ff. und auch Goedicke, The Report about the Dispute of a Man with his *Ba* 31.

293 ZAS 44, 1907, 86, der jedoch auch die Schwächen dieser Gliederung berücksichtigte. Seine Auffassung wurde von Westendorf, Der Gebrauch des Passivs 86 und Lefèbvre, Grammaire § 302 übernommen.

294 Siehe dazu Goedicke, a.a.O. 174 f.

295 Daneben auch Ptahhotep 126; 225.

Stelle, nachdem es in Zl.8 parallel zu *ỉzwt* gebraucht worden war[296]. Der abschließende Satz dieses Abschnitts wird weitgehend als Ellipse angesehen[297], während Lefèbvre *ntjw ỉm.s r mitt ỉrj* als zweites Objekt der Verehrung annimmt[298], das eine spezifischere Bedeutung als das angenommene "ebenso" hat[299].

SCHLUSS (Zl. 172-186)

Der Rest des Textes ist nicht mehr unterteilt. Auf die Erwähnung der Reise folgt eine Beschreibung der gnädigen Aufnahme und der erfahrenen Belohnung. Daran schließt sich eine allgemeine moralische Belehrung, die den Übergang zur Rückkehr in die Rahmenerzählung bildet, womit der Text einen in sich geschlossenen Abschluß findet (Zl. 172-186):

"Wir reisten nordwärts zur Residenz des Souveräns,und wir erreichten die Residenz nach zwei Monaten, entsprechend allem, was sie gesagt hatte. Und dann trat ich ein zu dem Souverän,und ich präsentierte ihm diese Gaben, die ich aus dem Inneren dieser Insel gebracht hatte. Und dann dankte er mir vor der Beamtenschaft des ganzen Landes. Und dann wurde ich zum Gefolgsmann gemacht,und ich bin belehnt unter seinen Hörigen. Sieh mich, nachdem ich Land erreicht habe und nachdem ich erkenne das, was ich erfahren habe. Höre, o Meister! Siehe, gut ist das Hören für Menschen!"

---

296 Es bleibt unklar, wie die metaphorische Bedeutung des Ausdrucks abzuleiten ist. Aufgrund der Gegenüberstellung sind wohl in  die aktiven, d.h. kämpferischen Kräfte, im Gegensatz zu *ỉswt* als physische Kräfte zu sehen.

297 Erman, Literatur 22 findet "der Verfasser eilt zum Ende und erledigt daher das Wiedersehen mit den ägyptischen Schiffern kürzer, als eigentlich verständlich ist", was ihn zu der Übersetzung "und ebenso (taten) sie, die auf ihm (dem Schiffe) waren" führte. Ähnlich ist auch die Ansicht von E.Brunner-Traut.

298 Lefèbvre, Romans et Contes 39 "je rendis grâces, sur le rivage, au maître de cette île et (a) ceux qui étaient à bord égalment".

299 So Wb.II 41,7. Urk.IV 2,3, wie auch unser Text, legt eine Übersetzung "entsprechend ihrer Art" nahe.

"Und dann sagte er zu mir: 'Laß ab, Trefflicher, mein Freund! Gibt man denn Wasser einer Ente im Morgengrauen, wenn man sie am Morgen schlachtet?!"

Die Angabe über die Reiserichtung stimmt mit der allgemeinen Geographie der Erzählung überein. Setzt man diese ins Rote Meer, kann die Rückreise nur entlang der Küste stattgefunden haben. Andererseits gibt es auch die Vorstellung, daß das Totenreich im Norden lokalisiert war[300]. Bei *ḫnw n ỉtj* ist es verlockend, an ein Wortspiel mit *ʾItj-t3wj* zu denken; dies gilt insbesondere im Hinblick auf Sinuhe B 247, wo der Name zu *ʾItw* abgekürzt ist[301]. Die Zeitangabe mit *ḥr* ist bemerkenswert und weicht von der Parallele in Zl. 168 ab, wo *n* gebraucht wird. Es wird angenommen[302], daß die beiden Formulierungen synonym sind, was aber unglaubhaft erscheint. Vielmehr ist in Zl. 168 "du sollst dich der Residenz nähern für 2 Monate", in Zl. 173 f. jedoch "wir erreichten die Residenz nach 2 Monaten" zu übersetzen. Nimmt man die Beschreibung nicht nur wörtlich, sondern fragt nach dem dahinter liegenden Sinn, so scheint die Zeitangabe einen Hinweis auf die Periode zwischen Tod und Begräbnis zu beinhalten. Die Ernennung zum "Gefolgsmann" kann politisch wie auch religiös interpretiert werden. *Šmsw* ist der Titel, den der Mann am Anfang der Rahmenerzählung trägt und den wir auch in Sinuhe R 2; B 180; Bauer R 47; B 1,38 finden. *S3ḥ.kwj m tp(jw).f* wird allgemein mit "(ich wurde) mit seinen Leuten belehnt" übersetzt[303], was gut mit dem Vorhergehenden übereinzustimmen scheint. Unterstützt wird diese Auffassung insbesondere durch Urk.IV 58,9 *s3ḥ.n wj ḥm.f m mrt*, wo eine Bedeutung "seine Majestät beschenkte mich mit Dienern" angenommen wurde[304]. Allein, eine derartige Auffassung führt zu keinem befriedigenden Sinn der Stelle, indem der Satz als Umstandssatz das Vorausgehende erläutert. Entsprechend ist Urk.IV 58,8-9 richtiger "meine Belohnung dauerte im Palast und meine Beliebtheit mit dem Hofstaat, nachdem mich seine Majestät unter die Diener eingereiht hatte" zu übersetzen.

---

300 Vgl. Kees, Götterglaube 277; idem, Totenglauben und Jenseitsvorstellungen der alten Ägypter[2] 87 f.

301 Vgl. Simpson, JARCE 2, 1963, 53 f.

302 Vgl. Gardiner, Egyptian Grammar[3] § 164.8 und 165.4.

303 Erman, Literatur 33; ähnlich Lefèbvre, Romans et Contes 39 "je fus gratifié de serfs lui appartenant".

304 Sethe, Urkunden der 18. Dynastie, Deutsch.

Parallel dazu steht unsere Stelle mit der Angabe "ich wurde unter seine Hörigen eingereiht"[305].

Daß *s3ḥ* zweimal in aufeinanderfolgenden Sätzen, jedoch mit unterschiedlicher Bedeutung gebraucht sein soll, ist zumindest verwunderlich und deutet auf eine besondere Bedeutung der Wurzel *s3ḥ* für die Erzählung. *S3ḥ t3* wurde bereits in Zl. 34 und 103 vom Erreichen von Land gebraucht, wobei es dort auch die Nebenbedeutung von "Schutz finden" hat. Diese Nuance scheint auch hier wesentlich, da die Aussage nicht nur faktitive Bedeutung hat, sondern darüber hinaus auch die Idee der Zugehörigkeit bzw. des Schutzes vermittelt. Darüber hinaus ist die Einleitung durch *r-s3* wesentlich, da es einen stärker retrospektiven Charakter als *m-s3* hat. *M33* hat in beiden Verwendungen die Bedeutungsnuance "erkennen", wie auch in Zl. 28, 95 etc. Die kunstvolle Verschränkung der beiden Sätze verdient besonders hervorgehoben zu werden. *Dpt.n.f* greift die Aussage "wie freut sich, wer berichten kann, wenn er (etwas) erlebt hat" in Zl. 124 erneut auf.

Die Lücke nach *sḏm r.k* wurde unterschiedlich restauriert. Erman[306] war für *sḏm r.k (n).ỉ*, was aber die Lücke nicht füllen würde, wie Golenischeff und andere[307] aufzeigten. Golenischeff empfiehlt daher eine Ergänzung *sḏm r.k* [*n r3*]*.ỉ*, worin ihm Blackman folgt. Devaud[308] hingegen schlug *sḏm r.k* [*n.ỉ ḥ3tj-ᶜ*] vor, was aber eindeutig zu lang ist. Die Stärke seines Vorschlags besteht in der Einführung des Gesprächspartners der Rahmenerzählung, wodurch der in der folgenden Zeile ungenannt als Sprecher Auftretende identifiziert würde. Dies scheint unbedingt notwendig, weshalb ich *sḏm r.k ḥ3tj-ᶜ* zu lesen vorschlage. Die Aufforderung hat ihre Parallele in Lebensmüder 67 und Ptahhotep 534 ff. ist verwandt damit.

---

305 Vgl. dazu Gardiner's Bemerkungen in Admonitions of an Egyptian Sage 68, der im Zusammenhang mit Admonitions 9,5, wo *s3ḥ* und *mrt* gemeinsam vorkommen, eine Übersetzung mit "dependents" vorschlägt.

306 ZAS 43, 1906, 23. E.Brunner-Traut folgt dieser Ansicht, wie auch Lefèbvre, a.a.O. 39,39, der sich auf Lebensmüder 67 beruft, das eine exakte Parallele zu bilden scheint.

307 Golenischeff, Le Conte du Naufragé 182; idem, Papyrus hiératique ... de l'Érmitage pl. 8, nota ad 182; vgl. auch Blackman, Middle Egyptian Stories 47 a.

308 RT 37, 1917, 209, gefolgt von Vikentiev, BIFAO 35, 1935, 35.

In der abschließenden Entgegnung wird der Sprecher nicht genannt, was seine vorangehende Erwähnung notwendig macht. Es kann kein Zweifel sein, daß wir hier zur Rahmenerzählung zurückkehren.  wurde von Erman[309] "sei kein Vortrefflicher" übersetzt, wobei er *ỉḳr* nominal auffaßte. Daraus wurde eine abfällige Bedeutung der Antwort abgeleitet, wodurch die Erzählung ihren moralischen Halt verliert. Da *ỉḳr* eine durchaus positive Eigenschaft ist, kann es hier nicht negativ gebraucht sein, wie es insbesondere Faulkner[310] annehmen möchte. Darüber hinaus könnte *ỉḳr* nur als Objekt gebraucht sein, es sei denn, es wird als Vokativ verstanden. Da *ỉrj* mit einer Person als Objekt keinen Sinn gibt[311], kann nur ein Vokativ vorliegen. Die Art des Doppelanrufs findet sich auch in Lebensmüder 52[312], wobei hier die eine Bezeichnung moralischen, die andere sozialen Inhalt hat. Der negative Imperativ, ein Vorläufer der späteren Zusammensetzungen, ist vielleicht am besten mit "laß ab!" übersetzt. Der Ausdruck scheint das Gegenstück zum bejahenden *ỉrj.ỉ* "ich mache es!"[313] zu bilden. Im Moment man erkennt, daß *m ỉr* keine sarkastische Bemerkung ist, findet auch das abschließende Zitat einer Spruchweisheit ihren Platz[314]. Es ist keine Zurückweisung des guten Rats, sondern vielmehr die Einsicht der individuellen Verantwortlichkeit, von der es kein Entkommen gibt[315]. Die symbolische Bedeutung des Wassers bleibt in diesem Zusammenhang unklar, eine Anspielung an Zl.13 f. scheint jedoch deutlich.

---

309 ZAS 43, 1906, 23 f. Erman nimmt an, daß die lange Rede mit einem lakonischen "rede nicht allzu klug" zurückgewiesen wird.

310 Concise Dictionary 32 übersetzt er *ỉḳr* mit "wiseacre"; ähnlich auch Lefèbvre, a.a.O. 39 "ne fais pas le finaud". Die Verwendung von *ỉḳr* in Urk.IV 121,3 zeigt die Unhaltbarkeit dieser Interpretation.

311 Erman's Übersetzung ist mit dem Wortlaut nicht in Einklang zu bringen.

312 Vgl. auch Goedicke, The Report about the Dispute of a Man with his *Ba* 121 f.

313 Siehe Grapow, Wie die alten Ägypter sich anredeten IV 55.

314 Vgl. dazu Lebensmüder 52 ff. und Goedicke, a.a.O. 121 ff.

315 Zur Konstruktion vgl. Sethe, ZAS 44, 1907, 87; Gardiner, Egyptian Grammar[3] § 493; Westendorf, Der Gebrauch des Passivs 84,7.

ZUSAMMENFASSUNG

Aufgrund der Ergebnisse der Diskussion kann die Erzählung in fortlaufender Form folgendermaßen übersetzt werden:

"Der treffliche Gefolgsmann sagte: 'Freue dich, o Meister! Siehe, wir haben die Heimat erreicht. Ergreife den Schlegel und schlage den Pflock ein, indem das Bugtau an Land liegt! Gib Preis und lobe Gott, während jedermann seinen Angehörigen umarmt: 'Unsere Mannschaft ist heil zurückgekommen und nicht gab es einen Verlust für unsere Truppe!' Nachdem wir das Ende von Unternubien erreicht haben und an Biggeh vorbeigehommen sind, siehe, wahrlich, wir kommen glücklich zurück! Unser Land - wir erreichen es!'"

"Höre auf mich, o Meister! Ich bin frei von Übertreibung. Wasche dich! Gib Wasser auf deine Finger! Dann mögest du antworten, was du gefragt wirst! Mögest du zum König sinnvoll reden und antworten ohne zu zögern! Die Rede eines Menschen kann ihn bewahren und seine Aussage veranlaßt Nachsicht mit ihm. Handle nach deinem Herzensbedürfnis! Ein Ermüdeter ist es, der zu dir spricht".

"Ich will dir nun ein entsprechendes Gleichnis erzählen, das mit mir selbst geschah. Ich war unterwegs zum Erzland für den Herrscher. Ich war zur See gegangen in einem Schiff von 120 Ellen Länge und 40 Ellen Breite. 120 Matrosen waren darin vom Besten Ägyptens. Sie erkannten den Himmel und sie erkannten das Land und ihr Sinn war unerschrockener als der von Löwen".

"Sie konnten einen Sturm vorhersagen, ehe er gekommen war, und ein Unwetter, ehe es geschah. Ein Sturm entstand, während wir auf See waren, bevor wir Land erreichen konnten. Der Wind raste, und er machte Böen und Wellen von 8 Ellen dadurch. Dann kam eine riesige (Welle) gegen mich. Als das Schiff sich aufstellte, starben die Insassen, ohne daß ein Einziger übrig geblieben wäre. Ich aber wurde durch eine Meereswelle zu einer Insel gespült. Ich verbrachte drei Tage dort allein, mit meinem Herzen als (alleinigem) Genossen. Ich verbrachte die Nacht im Innern von einem Versteck von Holz, und ich umarmte den Schatten. Dann machte ich mich auf, um ausfindig zu machen, was ich in meinen Mund geben könnte".

"Ich fand Feigen und Weintrauben dort und allerlei eßbares Gemüse. Es gab dort gekerbte und ungekerbte Sykomorenfrüchte sowie Rosinen - wie gemacht.

Es gab (auch) Fische und Geflügel dort. Nicht gibt es etwas, das es nicht in ihr gab. Und dann, als ich mich gesättigt hatte, endete ich das Zittern um meine Glieder. Ich nahm vielmehr ein Feuerholz, schlug Feuer und machte ein Brandopfer für die Götter."

"Da hörte ich donnernden Lärm; während ich vermutete,'das ist die Brandung des Meeres', krachten die Bäume und die Erde bebte. Als ich meine Sicht klärte, fand ich,'es ist eine Schlange',und sie ist im Kommen. Sie hatte 30 Ellen,und ihre Spur war über 2 Ellen; ihr Leib war schillernd in Gold, und ihre Zeichnung war (von der Farbe von) echtem Lapislazuli. Sie war kundig im voraus."

"Sie öffnete ihren Mund, während ich vor ihr auf meinem Bauche war,und sie sagte zu mir: 'Wer hat dich gebracht, Kleiner? Wer brachte dich? Wenn du zögerst, mir zu sagen, wer dich zu dieser Insel brachte, werde ich dich erkennen lassen, daß du ein zu Strafender bist, nachdem du wo bist, was man nicht sehen soll!' Während sie zu mir sprach, nicht war ich es, während ich es hörte. Ich war vor ihr, doch war ich meiner nicht bewußt. Da setzte sie mich in ihren Mund und nahm mich zu ihrem Wohnplatz. Sie legte mich weg,ohne mich zu berühren, während ich froh war, daß man sich meiner nicht bemächtigte."

"Da öffnete sie ihren Mund zu mir, als ich vor ihr auf dem Bauche lag. Und sie sagte zu mir: 'Wer brachte dich, Kleiner? Wer brachte dich zu dieser Insel? War es das Meer und seine Brandung in Wellen?' Da antwortete ich es ihm, während meine Arme vor ihm gebeugt waren. Ich sagte zu ihm: 'Ich war ausgezogen zum Erzland im Auftrage des Souveräns in einem Schiff von 120 Ellen Länge und 40 Ellen Breite. 120 Matrosen waren darin vom Besten von Ägypten. Sie erkannten den Himmel und erkannten das Land. Ihr Sinn war tapferer als (der von) Löwen.'"

"Sie konnten einen Sturm voraussagen, ehe er gekommen war,und ein Unwetter, ehe es geschah. Jeder Einzelne war mutigen Sinns und tüchtiger als sein Genosse. Nicht gab es einen Toren in ihrer Mitte. Ein Sturm entstand, während wir auf See waren, bevor wir Land erreichen konnten. Der Wind raste und machte Böen und Wellen von 8 Ellen dadurch. Dann kam eine riesige (Welle) gegen mich. Als sich das Schiff aufstellte, starben, die darin waren, ohne daß ein Einziger übrig geblieben wäre außer mir. Und so bin ich bei dir."

"Und dann war ich von einer Meereswelle zu dieser Insel gebracht worden.' Da sagte er zu mir: 'Fürchte nicht, Kleiner! Fürchte nicht deine Zukunft, nachdem du mich erreicht hast! Siehe, Gott hat dich überleben lassen, und er brachte dich zu dieser Insel. Für deinen Ka - nicht gibt es etwas, das nicht in ihrem Innern ist, indem sie gefüllt ist mit allem Guten. Siehe, du sollst Monat auf Monat (hier) verbringen, bis du 4 Monate vollendet hast im Innern dieser Insel, wenn ein Schiff aus der Residenz kommen wird mit Matrosen darin, die du kennengelernt hast. Du wirst mit ihnen heim gehen, und du wirst in deiner (Heimat)stadt sterben."

"Wie froh ist einer, der berichten kann, daß er erlebt hat, daß eine Unannehmlichkeit vorbeiging. Ich will dir ein entsprechendes Gleichnis erzählen, das in dieser Insel geschah. Ich war in ihr mit meinen Verwandten, mit Kindern unter ihnen. Wir machten zusammen 75 Schlangen, bestehend aus meinen Kindern und Geschwistern. Niemals kann ich dir verdeutlichen die Tochter, die Kleine, die mir unter Bitten gebracht worden war."

"Und dann belehrte Re^c den, der herabkommt: 'Ziehe aus gegen diese mit Feuer in seinem (sic) Arm!' Es geschah völlig zu ihnen, obwohl ich nicht dabei war; es verbrannte, obwohl ich nicht in ihrer Mitte war. Und als ich gestorben war durch sie, da fand ich, daß es nur ein Leichenhaufen ist."

"Wenn deine Selbstbeherrschung für dich siegt, dann wirst du deine Arme mit deinen Kindern füllen, deine Frau küssen und wirst dein Haus (wieder) sehen. Gut ist es über alles, wenn du die Heimat erreichst und dort bist im Kreise deiner Verwandten. Du wirst wahrlich sein, während ich (weiterhin) zusammengebunden bin auf meinem Bauche und den Erdboden vor ihm umarme."

"Da sagte ich zu ihr: 'Ich will deinen Ruhm dem Souverän erzählen. Ich will veranlassen, daß er von deiner Größe erfährt und ich will veranlassen, daß dir gebracht wird *ḥḳnw*-Balsam und daß Kuchen von Balsam kommen, dem Tempelweihrauch, womit jeder Gott zufriedengestellt wird. Dann werde ich die Geschehnisse erzählen mit meinem Blick auf das, was ich gesehen habe, und von seiner Macht. Und man wird dir danken in der Hauptstadt angesichts der Beamtenschaft des ganzen Landes."

"Ich will dir Rinder als Brandopfer schlachten und für dich Enten den Hals umdrehen. Ich will veranlassen, dir Schiffe, beladen mit allen Herrlichkeiten, von Ägypten zu bringen, wie für Gott getan wird, der die Menschen liebt (auch) in einem fernen Land, ohne daß die Menschen ihn kennen."

"Und als er über mich und über das, was ich gesagt hatte, gelacht hatte, als einer, der unrecht in seinem Sinn ist, sagte er zu mir: 'Bist du reich an Myrrhen? Bist du ein Besitzer von Weihrauch? Ich bin wahrlich ein Herrscher von Punt! Myrrhe gehört mir wirklich. Jener *ḥknw*-Balsam, den zu bringen du mir versprachst - der Reichtum dieser Insel ist es, während sie ist. So du dich von diesem Platz entfernt hast, wirst du niemals diese Insel (wieder)sehen, indem sie zu Flut geworden ist."

"Dann kam jenes Schiff heran,wie er es vorher angekündigt hatte. Und dann ging ich und begab mich auf einen hohen Baum,und ich erkannte,die in seinem Innern waren. Und dann ging ich, um es ihr zu berichten, doch fand ich, daß sie es schon wußte. Und dann sagte sie zu mir:'Mögest du gesund sein, Kleiner! bis zu deinem Haus! Mögest du deine Kinder sehen! Gib meinen Namen, der gut war, in deiner Stadt. Siehe, meine Forderung an dich ist es!'"

"Da legte ich mich auf meinen Bauch mit meinen Armen gefaltet vor ihr. Dann gab sie mir ein Abschiedsgeschenk von Myrrhen, es kamen Stücke von Räucherwerk mit Nelken, ein Gefäß mit Stibium, Schwänze von der Giraffe, ein großes Stück Natron, Zähne von Elfenbein, Windhunde, Meerkatzen, Paviane und alle rechten Kostbarkeiten."

"Und dann stapelte ich es für besagtes Schiff,und ich gab mich auf meinen Bauch, um Gott für sie zu preisen. Und dann sagte sie zu mir: 'Siehe, du sollst die Heimat in 2 Monaten erreichen. Mögest du deine Arme mit deinen Kindern füllen und mögest du frisch bleiben im Innern der Heimat bis zu deiner Bestattung.' Und dann ging ich hinunter zum Ufer in der Nähe dieses Schiffes. Und dann rief ich zu der Truppe, die in diesem Schiff war. Und ich gab Preis auf dem Ufer dem Herrn dieser Insel, und die die darin waren in mehr als gleicher Weise."

"Wir reisten nordwärts zur Residenz des Souveräns,und wir erreichten die Residenz nach 2 Monaten, entsprechend allem, was sie gesagt hatte. Und dann trat ich ein zu dem Souverän,und ich präsentierte ihm diese Gaben, die ich aus dem Innern dieser Insel gebracht hatte. Und dann dankte er mir vor der Beamtenschaft des ganzen Landes. Und dann wurde ich zum Gefolgsmann gemacht,und ich bin belehnt unter seinen Hörigen. Sich mich, nachdem ich Land erreicht habe und nachdem ich erkenne, was ich erfahren habe. Höre, o Meister! Siehe, gut ist das Hören für Menschen!"

"Und dann sagte er zu mir: 'Laß ab,Trefflicher, mein Freund! Gibt man denn Wasser einer Ente im Morgengrauen, wenn man sie am Morgen schlachtet?'"

"Es kam von Anfang zu Ende, wie es gefunden worden war, in der Schrift des fingerfertigen Schreibers Amenjaᶜa, Sohn des Amenj, möge er leben, heil und gesund sein."

Über fünfzig Jahre wurde die Geschichte des Schiffbrüchigen als ein Märchen angesehen und als Zeugnis einer romantischen Phantasie den Erzählungen von Seefahrern verschiedener Kulturkreise zur Seite gestellt[316]. Erst Lanczkowski[317] versuchte, einen tieferen Sinn der Dichtung aufzuzeigen, und eröffnete damit Perspektiven für ihr Verständnis, die bis dahin verschlossen waren. Damit tritt die Dichtung aus ihrer scheinbaren Isolierung unter den erhaltenen Resten altägyptischer Literatur heraus und erweist sich als Vertreter eines primären Typus. Es ist nicht länger möglich, die Erzählung als Teil einer Schachtelgeschichte zu sehen, wie es Erman verstand[318]. Aber es geht auch nicht an, sie mit Pieper[319] als Märchen anzusehen. Erkennt man aber die Geschichte des Schiffbrüchigen als eine moralisierende Dichtung, dann wird ihre Zusammengehörigkeit mit der Erzählung des Sinuhe, den Reden des beredten Bauern, dem Gespräch des Lebensmüden mit seinem Ba[320], aber auch der Hirtengeschichte[321] offensichtlich. Alle diese Dichtungen, wozu ferner die Lehre für König Merikareᶜ und die Lehre des Königs Amenemhet I. zu rechnen sind, müssen, soweit erkennbar, gleich datiert werden. Sie gehören durchwegs an den Anfang der 12. Dynastie, was durch inhaltliche und stilistische Momente erstellt ist. Darüber hinaus haben sie Gemeinsamkeiten in der Semantik, der Phrasierung und den dargestellten Ideen, wobei diese Zusammenhänge

---

316 Vgl. dazu Lefèbvre, Romans et Contes 31, der Vergleiche mit der Odyssee, aber auch mit dem Sagenkreis um Sindbad den Seefahrer anstellt.

317 Die Geschichte vom Schiffbrüchigen, ZDMG 103, 1953, 360 ff., sowie Parallelmotive zu einer altägyptischen Erzählung, ZDMG 105, 1955, 239 ff. Während sein Versuch einer eschatologischen Deutung nur begrüßt werden kann, behindert das Fehlen einer eingehenden philologischen Untersuchung den Wert der vorgebrachten Thesen.

318 Literatur der Aegypter 56 f.

319 Aegyptische Literatur 43 ff.

320 Vgl. Goedicke, The Report about the Dispute of a Man with his *Ba*, 1970.

321 Vgl. dazu Goedicke, The Story of the Shepherd, CdE 45,1970, 244 ff.

nicht als zufällig angesehen werden können. Sie führen zwangsweise zum Postulat eines weitgehend einheitlichen Ursprungs, der entweder in einer integrierten Gruppe von Autoren oder in der Person eines gemeinsamen Autors zu suchen ist. Da ersteres geringe Wahrscheinlichkeit besitzt, kommt der Möglichkeit eines einzigen Autors für die ganze Textgruppe große Wahrscheinlichkeit zu. Ich möchte, wie ich an anderer Stelle ausführte[322], diese Person mit dem *Ḫtj* identifizieren, der in der späteren Tradition[323] als "der Größte" angesehen wird.

Mit der Erkenntnis des grundsätzlich moralistischen Charakters der Dichtung gewinnt auch die Thematik eine geänderte Bedeutung. Es kann nicht länger angenommen werden, daß der wesentliche Inhalt der Geschichte die guten Zusprüche für einen erfolglos heimkehrenden Expeditionsleiter sind und daß diese den Rahmen zur Erzählung wunderbarer Erlebnisse bildet[324]. Im Gegenteil, insofern als die Dichtung erzählenden Inhalt hat, kann er keineswegs als Selbstzweck, sondern nur als Mittel zur Vermittlung der eigentlichen Aussage angesehen werden. Es ist somit die metaphorische Bedeutung des Textes, der die tragende Bedeutung zuzuschreiben ist, und nicht die Form, die zu ihrer Übermittlung gebraucht ist. Bewertet man die Dichtung in dieser Weise, lösen sich auch jene scheinbaren Ungereimtheiten, die in der traditionellen Auffassung so störend wirken. Bereits Erman[325] stieß sich daran, daß der Dichter "es dem Leser überläßt, sich die Personen und ihre Lage selbst zu denken." Dazu gehört nicht nur die scheinbar vage Pinselführung in der Rahmenerzählung, sondern auch die Aufeinanderfolge der verschiedenen Erzählungen. Das meiste in den Erlebnissen des Schiffbrüchigen würde keine Bedeutung für die stipulierte Ausgangssituation haben[326]. Selbst diese beruht aber nur auf Annahmen, die durch den Text in keiner Weise gestützt werden. Dies betrifft insbesondere die These

---

322 Goedicke, The Report about the Dispute of a Man with his *Ba* 3.

323 Pap. Chester Beatty IV 3,6.

324 Diese Auffassung der Thematik wurde von Erman eingeführt und bis in jüngste Zeit unverändert aufrecht erhalten. S. Hermann, Zum Überlieferungsgehalt mittelägyptischer Erzählungen, läßt die Erzählung unberücksichtigt.

325 Erman, Literatur 57.

326 Erman, ZAS 43, 1906, 11 nahm Zuflucht zum "unlogischen" Denken der alten Ägypter.

von einer erfolglosen Expedition[327]. Sie ist nirgendwo qualifiziert, so daß es unstatthaft ist, in der Erzählung eine Ermunterung nach einem Fehlschlag zu sehen. Erst wenn man erkennt, daß der Text eine eschatologische Aussage enthält, wird er sinnvoll.

Welches Konzept wird in der Rahmenerzählung zum Ausdruck gebracht? Die Metapher der Heimkehr von der Reise findet sich im Lebensmüden[328] und ist dort wie hier ein Ausdruck für die Rückkehr in die geistige Heimat nach einer Abwesenheit in der Fremde. Diese Reise dient als Bild für das irdische Leben, dessen Ende heranzunahen beginnt. Die Ankunft am Ziel ist aber gleichbedeutend mit Bericht und Verantwortung über die Ereignisse in der Ferne. Das eschatologische Motiv wird auf diese Weise gleich zu Anfang der Erzählung eingeführt und damit das Thema gesetzt: Der Mensch ist verantwortlich für sein irdisches Leben. Das Bewußtsein der Verantwortung hat nicht nur einen moralischen Aspekt, sondern daneben auch eine psychische Konsequenz. Die Unzulänglichkeiten des menschlichen Treibens können durch Übersteigerung des Schuldgefühls das Bewußtsein einer Verantwortlichkeit zerstören. Wenn man die zeitliche Nachbarschaft zur Konzeption der individuellen Verantwortlichkeit berücksichtigt[329], wird die Bedeutung des behandelten Themas voll verständlich. Die in der Dichtung gebotene Lösung verdient als primär ethische Konzeption gewertet zu werden. In ihrem Zentrum steht die Notwendigkeit der Verantwortungsbereitschaft, die irgendwelchen Unzulänglichkeiten übergeordnet wird.

Das Problem wird in Form einer Kontrastierung gegensätzlicher Standpunkte dargestellt, wobei die Rahmenerzählung das Thema anzeigt, das im Text durchgeführt wird. Die Verteilung der Rollen bleibt durchwegs erhalten, wenngleich die Durchführung des Themas eine sich steigernde Verdeutlichung der Standpunkte notwendig macht. In der Rahmenerzählung werden zwei Typen gegeneinander gestellt. Auf der einen Seite der angsterfüllte, im Irdischen verhaftete und dadurch unsichere Mensch, dem auf der anderen Seite

---

327 So z.B. E.Brunner-Traut, Altägyptische Märchen 5.

328 Goedicke, a.a.O. 52 f.

329 Die Konzeption schlägt sich in der säkularen Literatur in der "Lehre für König Merikare^{c}" und der "Erzählung des Sinuhe" nieder. In der religiösen Literatur findet sie in der Ausbildung des Jenseitsgerichts in den Sargtexten ihren Niederschlag. Zum zweiten siehe Grieshammer, Das Jenseitsgericht in den Sargtexten, 1970.

der durch Erfahrung zur Erkenntnis der wahren Werte Durchgedrungene gegenübergestellt wird. Die Verteilung der Rollen erlaubt eine introvertierte wie auch eine extrovertierte Interpretation, indem der als "Gefolgsmann" ausgegliederte Standpunkt auch als ein integraler Aspekt des Menschen, nämlich seine Erkenntnis, verstanden werden kann. Ob darüber hinaus der Spezifizierung der beiden Rollenträger in der Rahmenerzählung auch sozialkritische Aspekte innewohnen, möchte ich offen lassen[330]. In der introverten Konzeption besitzt die Bezeichnung der beiden Aspekte als *ḥ3tj-ᶜ* "Meister, Graf" und als *šmsw* "Gefolgsmann"[331] wesentliche Bedeutung, da es eine Relation zwischen dem existentiellen und dem transzendenten Aspekt des Menschen ausspricht. Es zeigt deutlich, daß ersterem die Führungsrolle zugebilligt wird, während der geistige Aspekt in Gefolgschaft steht. Diese Relation ist keineswegs kategorisch, wie man vielleicht annehmen könnte. Im Dialog stehen sie sich vielmehr als gleichrangige Partner gegenüber. Wir müssen daher festhalten, daß wohl eine Differenzierung, nicht aber eine Evaluierung besteht. Es ist somit der existentiellen und der immateriellen Sphäre gleiche Bedeutung zugebilligt, was die Möglichkeit einer wahren Gegenüberstellung eröffnet[332].

Die Ausgangssituation zeigt die Doppelsinnigkeit, die sich durch die ganze Dichtung verfolgen läßt. Die bevorstehende Ankunft aus der Fremde ist das Bild für das herannahende Ende der irdischen Reise, die als Fahrt in die Ferne angesehen wird. Die Ankunft in der Heimat ist das Bild des Lebensendes, dem eine neue Existenz folgt. Um sie jedoch in voller Form zu gewinnen, bedarf es der Verantwortung für das auf der Lebensreise Erlebte. Die Symbolik läßt sich bis in viele Einzelheiten verfolgen, wenngleich einige Punkte sich einer derartigen Deutung nicht leicht öffnen. Daß die

---

330 Gerade im Hinblick auf die "Klagen des Bauern" kommt der Möglichkeit eines sozialkritischen Aspekts wesentliche Bedeutung zu, wie wir ihn auch bei Ptahhotep 58 f. finden.

331 Zu *šmsw* vgl. Merikareᶜ P. 140-141 "Götter sind die Gefolgsleute des Königs". Eine scheinbar völlig andere Auffassung scheint in Bauer R 47, B 38 vorzuliegen.

332 In dieser Hinsicht, wie auch in vielem anderen, berührt sich die Geschichte des Schiffbrüchigen mit dem Bericht über das Gespräch des Mannes mit seinem Ba. Auch dort sind die Gesprächspartner gleichgestellt, wenngleich dem den Idealismus vertretenden Mann die Sympathie des Dichters zu gehören scheint.

Heimkehr eine Freude darstellt, wird vom einen Sprecher, dem Gefolgsmann, betont, während sein Partner dem Ereignis mit geteilten Gefühlen entgegensieht. Dies entspricht der Natur der beiden in der Erzählung einander gegenübergestellten menschlichen Aspekte. Es sind dies das Existentielle, das durch den "Meister" (*ḥ3tj-ᶜ*) vertreten wird, und das Idealistische in seiner geistigen Orientierung, das der "Gefolgsmann" (*šmsw*) verkörpert[333]. In der Rahmenerzählung wird die Einstellung zum Tode aufgezeigt und die beiden Ansichten einander gegenübergestellt. Die Details in der Beschreibung der Heimkehr gebrauchen Wortspiele, die die Situation illustrieren. Dazu gehört insbesondere das Bild vom Einschlagen des Landepflocks, das auch sonst als Metapher für den Tod gebraucht wird[334]. Die beiden Ortsangaben enthalten zweifelsohne ein Wortspiel und sind entsprechend zu bewerten. *W3w3t*, an sich die Bezeichnung für Nordnubien, spielt wohl an *w3j* "fern sein" und an *w3t* "Weg" an, dessen Ende erreicht ist. *Znmwt*, der Name der Insel Biggeh, wird zu einem Wortspiel mit *znm* "gierig sein, traurig sein"[335] als Eigenschaften des irdischen Daseins gebraucht. Nicht völlig klar wird die Gegenüberstellung von "Schiffsmannschaft" (*ỉzwt*) und "Truppe" (*mšᶜ?*) als Teilnehmer der Expedition in die Ferne. Es könnte darin eine Gliederung der Kräfte des Menschen gesehen werden, wobei die Gegenüberstellung eines femininen und maskulinen Ausdrucks an das Paar *k3* und *ḥmswt* denken läßt[336].

Bei der Ankunft soll Preis und Dank gegeben werden, womit der späteren Erzählung (Zl. 167, 171) vorgegriffen wird. Von Interesse sind die Vorbereitungen für die Berichterstattung, die deutlich eschatologischen Charakter hat. Ein wesentlicher Teil ist die Reinigung durch Wasser und das Geben von Wasser auf die Finger. Die doppelte Formulierung ist

---

333 Die Gegenüberstellung findet sich in gleicher Form im "Gespräch des Lebensmüden mit seinem Ba", doch hat es eine andere Themensetzung. Während dort die Frage aufgeworfen wird, ob das Leben lebenswert ist, beschränkt sich unser Text auf die mehr spezifische Frage der Verantwortlichkeit am Lebensende und der damit verbundenen Einstellung im Dasein.

334 Vgl. Grapow, Die bildlichen Ausdrücke des Aegyptischen 152; insbesondere auch Sinuhe B 310.

335 Bauer B 1, 282; Admonitions 2,5.

336 Man könnte an eine Identifizierung als expansive und beharrende Kräfte denken.

eindeutig pleionastisch, da das Benetzen der Finger in der Waschung eingeschlossen sein müßte. Daher ist es wohl als besondere Rite anzusehen, die weniger praktischen als symbolischen Charakter hat. Ihre Basis, die man materialistisch deuten könnte, indem die Finger mit Unreinem wie auch mit allen Handlungen in Berührung sind, bleibt in mancher Hinsicht unklar. Es ist daher vielleicht auch an ein Wortspiel mit dem derogativ gebrauchten Wort *ḏbꜥ*[337] zu denken, wodurch die Handlung symbolischen Charakter annehmen würde. Neben den materiellen Vorbereitungen steht die Aufforderung zur inneren Sammlung, um sich in wohlgesetzter Rede äußern zu können. Die Einschätzung des gesprochenen Wortes als bedeutendstes Ausdruckmittel des Menschen ist eines der beherrschenden Themen der älteren Weisheitsliteratur und findet sich in der Literatur der beginnenden 12. Dynastie wiederholt betont[338]. Es ist jedoch keine Aufforderung zur Rhetorik eines Sophisten, sondern die Rede hat im Einklang mit dem Gewissen (*m ẖrt-ỉb*) zu stehen, das in den Mittelpunkt der erwachenden persönlichen Ethik gestellt ist[339]. Mit der Aufforderung zu bewußtem und mit dem Gewissen in Einklang stehenden Handeln schließt die Rahmenerzählung. Sie setzt den Ton für die durch die nachfolgenden Gleichnisse illustrierte Moral. Es ist die Anwendung der Einstellung, die durch den "Gefolgsmann" vertreten ist, der am Ende der Dichtung die Angst seines Partners (Zl. 184 ff.) gegenübergestellt wird. Auch in der Anwendung zeigt sich der Charakter der beiden durch Personen verdeutlichten Aspekte, des Geistigen und des Emotionellen.

Obwohl ermüdet von der Reise im existentiellen Dasein und daher begierig zu landen, ist der Gefolgsmann doch bereit, nochmals seine guten Dienste zu gewähren und seine Einstellung durch die Erzählung eines Erlebnisses zu verdeutlichen. Das Thema ist die Konfrontation mit der Schlange, deren spezifischer Charakter anschließend durch eine weitere Erzählung verdeutlicht wird. Die Bilder, in der die Erzählung geboten wird, bedienen sich mit größtem Geschick verschiedener Episoden einer Schiffsreise. Während der Wortlaut der Erzählung in sich geschlossen ist, so daß die Dichtung

---

337 Vgl. Wb.V 567; siehe auch Blackman, JEA 22, 1936, 43.

338 Vgl. S. Hermann, Untersuchungen zur Überlieferungsgestalt mittelägyptischer Literaturwerke 98.

339 Vgl. dazu den Ausdruck *šms-ỉb* in der Untersuchung von Lorton, JARCE 7, 1968, 41 ff.

als ältester Beleg eines Seeabenteuers erklärt werden konnte[340], läßt sich darüber hinaus ein zweiter Sinn erstellen, der der Erzählung zugrunde liegt. Nicht alle Wortspiele oder double entendres sind in gleicher Weise für uns faßbar. Wenn auch manche Details nicht voll ausschöpfbar sind, so kann doch am doppelten Sinn der Erzählung keinen Moment Zweifel bestehen.

Das Bild der Seefahrt symbolisiert m.E. das irdische Dasein, wobei die See die Materie repräsentiert. Das Schiff, in dem die Reise stattfindet, scheint das Dasein bzw. die Lebenserfahrung mit seinen erstaunlichen Dimensionen zu sein. Die im Text angegebenen Maße sind nicht zufällig, sondern bilden m.E. die Grundlage für Wortspiele[341]. Es ist zumindest auffällig, daß die Zahl "120" in drei verschiedenen Zusammenhängen genannt wird (Zl. 26, 27, 118). Das auf diese Weise gebildete Wortspiel läßt sich nicht mit Sicherheit erstellen, da die Lesung des Zahlwortes unsicher ist. Nach dem Zusammenhang möchte man an ein Wort für "Hoffnung, Rettung" o.ä. denken[342]. Die zweite Dimension des Schiffes,die mit 40 Ellen angegeben wird, scheint etwas klarer. Koptisches ϩⲙⲉ weist auf ein Wort **ḥm*[343], das hier vielleicht in seiner Grundbedeutung "Körper" zu verstehen ist[344]. Die Besatzung, gleichfalls 120, ist m.E. ein Bild für die psychischen und intellektuellen Kräfte und Fähigkeiten des Menschen. Sie sind sowohl zum Himmel wie auch zur Erde gerichtet.

---

340 Vgl. Gardiner, Egyptian Grammar[3] § 15 "The romance of travel finds expression for the first time in the story of a shipwrecked sailor who is cast upon a wonderful island where a kindly serpent holds sway".

341 Erst im Neuen Reich wird ein Schiff mit den hier genannten Dimensionen erwähnt. Für das Mittlere Reich mag die Existenz eines Schiffes der angegebenen Größe bezweifelt werden. Es hat den Anschein, daß die hier genannten Maße aus besonderen Motiven gewählt wurden.

342 Im Hinblick auf koptisches ϣⲉ ϫⲟⲩⲱⲧ, an *šdwt* zu denken, erscheint äußerst gewagt.

343 Vgl. Edel, Altägyptische Grammatik § 395.

344 Siehe dazu Spiegel, Die Grundbedeutung des Stammes *ḥm*, ZAS 75, 1939, 112 ff. Gardiner's Bemerkung in JEA 29, 1943, 79 beeinträchtigt nicht Spiegel's These.

Trotz der intellektuellen Fähigkeiten, einen Sturm prophezeien zu können[345], bleibt die Überraschung, den Stürmen des Lebens ausgesetzt zu sein. In der Krise scheitert das wohlgerüstete Schiff, die Metapher für die Lebenserfahrung[346]. Ohne eigenes Zutun wird der Mensch von der Schicksalswelle in das Unbekannte getragen. Völlig auf sich angewiesen bleibt nur das Herz als einziger Genosse, das hier wohl als "Sinn" (νοῦς) aufzufassen ist. Nach Überwindung des lähmenden Schocks, sich allein zu finden, zeigt der Schiffbrüchige genug Sammlung und Selbstkontrolle, sich um die Fortführung seines Daseins zu bemühen. Seine erste Handlung ist ausschließlich Sorge um den Körper und dessen Erhalt, was ihm auch vollens gelingt. Damit endet die Angst um den Leib und die Emotionen finden ihren Ausdruck in der Bereitschaft, den Göttern ein Brandopfer darzubringen.

Daß gerade in diesem Moment, wenn die religiöse Ausrichtung des Mannes demonstriert erscheint, der Ablauf durch das Auftreten der Schlange unterbrochen wird, muß besonders betont werden. Es kann der offensichtliche Bruch im Geschehen nur als Zeichen der besonderen Bedeutung der Schlange angesehen werden, deren symbolischer Aussagewert mit der angedeuteten Kulthandlung kontrastiert wird. Weder der Zeitpunkt der Einführung noch deren Art weisen die Schlange als dominierende Götterfigur aus. Wohl wird sie von dem Schiffbrüchigen so angesehen, doch verwehrt sich die Schlange gegen eine überhöhte Einschätzung (Zl. 149 ff.). Diese Einsichten führen zu einer Vertiefung der Bedeutung der Schlange. Darin einen "Geisterkönig" einer Märchenerzählung zu sehen[347], reduziert die Dichtung zu einem wohl netten, aber doch letztlich bedeutungslosen Geplauder und läßt die Einsichten der Märchenforschung unberücksichtigt. Aber auch eine Erklärung als Widerspieglung einer frühen und weit verbreiteten Schlangenverehrung[348] wird den spezifischen Gegebenheiten des Textes nicht gerecht.

---

345 Mit Geschick stellt der Text zwei Formen, *ḏʿ* und *nšnj*, nebeneinander, wobei aber nur erstere in der weiteren Schilderung beibehalten wird. Dies scheint beabsichtigt, indem *nšnj* das "Wüten" der Natur bezeichnet, während *ḏʿ* allem Anschein als "Unwetter", insbesondere als "Sturm" zu verstehen ist, der geradezu als Strafe, bzw. als göttlicher Eingriff zu betrachten ist.

346 Die Grundlage bildet offensichtlich ein Wortspiel zwischen *dpt* und *dp* "Erfahrung", das in diesem Sinn in Zl. 124, 181 gebraucht ist.

347 Pieper, Die ägyptische Literatur 44.

348 So insbesondere bei Lanczkowski, ZDMG 105, 1955, 239 ff.

Da die Dichtung zweifelsohne eine Aussage enthält und diese nicht die Propagierung einer Schlangenverehrung ist, muß der Schlange in der Komposition eine symbolische Rolle zugestanden werden. Trotz des scheinbar religiösen Charakters, den die Schlange in der Dichtung zu haben scheint, ist m.E. ihre Bedeutung spezifischer zu fassen. Als wesentliches Element in Aufbau und Exponierung der Dichtung ist das Verständnis des dadurch zum Ausdruck gebrachten Themas wesentlich.

Obwohl die Schlange zu dem Zeitpunkt eingeführt wird, wenn der Schiffbrüchige die Dankbarkeit für seine Errettung in religiöser Form zum Ausdruck bringen will, wird die Schlange keineswegs zum Empfänger der religiösen Ambitionen. Ihr Erscheinen unterbricht vielmehr die religiöse Handlung, die keine Fortsetzung findet. Wohl wird sie als machtvolles Wesen dargestellt, dem Achtung zu zollen ist, aber sie wird nicht als Gottheit porträtiert. Im Gegenteil, im Bericht der Schlange über ihre Erfahrungen wird kein Zweifel gelassen, daß auch sie unter dem Gebot eines Höheren steht, der als Re^{c} bezeichnet wird (Zl.129). In diesem Punkt kommt m.E. eines der zentralen Themen der Dichtung zum Durchbruch. Dieses sehe ich als die Darstellung einer ultimativen transzendenten Macht, der alles unterworfen ist. Die Erkenntnis dieses Anliegens hilft dem Verständnis der besonderen Rolle der Schlange. Trotz ihrer Macht ist sie in ihren Möglichkeiten beschränkt, da sie eine Manifestation der immanenten Welt ist. Dadurch erklärt sich der Zeitpunkt der Einführung. Indem sie als Antwort auf das Opfer des Schiffbrüchigen an die "Götter" erscheint (Zl. 56), wird in subtiler Weise gezeigt, daß die religiöse Handlung nur für immanente Mächtigkeiten, nicht aber für den transzendenten als Absolut zu verstehenden Re^{c} gemeint ist. Die Schlange symbolisiert somit den immanenten Bereich, wobei sie im Laufe der Dichtung verschiedene Aspekte desselben repräsentiert. Trotz der unterschiedlichen Akzentuierung bleibt die Rolle der Schlange konstant in ihrem Gegensatz zur Transzendenz. Die Einheitlichkeit des physischen Bereichs bei unterschiedlicher Akzentuierung macht es möglich, ein Symbol für das körperliche Dasein schlechthin wie auch für das des Schiffbrüchigen zu verwenden[349]. Das Mittelstück der Dichtung kann somit als Konfrontation des Menschen als Vertreter des Geistigen mit dem Materiellen, insbesondere in der Form des Existentiellen und dessen Kulmination im Tod, verstanden werden. Dieses Zentralthema ist

349 Die Verbindung von Schlange und existentieller Lebenskraft wurde von Lanczkowski, a.a.O. 248 ff. mit weitgehenden religionsgeschichtlichen Parallelen aufgezeigt.

in der Rahmenerzählung nochmals durchgeführt, wobei die Gegenüberstellung durch zwei Personen vorgenommen wird[350].

Das Auftreten der Schlange wird von tosendem Lärm begleitet, was als "Brandung des Meeres" mißdeutet wird (Zl. 58). Das Bild kommt mehrmals vor (Zl.40, 58, 110) und ist m.E. als Metapher für "Schicksalsschlag", inklusive Tod, zu werten[351]. Die erneut gewonnene Klarheit führt zum Erkennen dessen, was so erschreckte und was die Bäume[352] und die Erde beben läßt. Warum unter den verschiedenen Schlangenbezeichnungen *ḥf3w* gewählt ist, wird nicht völlig deutlich[353]. Auch bei der Beschreibung der Schlange bleiben einige unlösbare Momente. Dies gilt für die Maße, deren unterliegende Bedeutung sich nicht mit Sicherheit erstellen läßt[354]. In ihnen die Beschreibung eines Götterbildes zu sehen[355], ist sicherlich abwegig, wie auch ein Vergleich mit den goldenen Gliedern des Reᶜ[356]. Nur diese sind wirklich aus Gold, während die Glieder der Schlange als "schillernd mit/ in Gold" beschrieben sind. Gold ist somit kein integrales Element für die Schlange, sondern ist ihr nur äußerlich. Daß sie "schillernd in Gold" ist,

---

350 Die Schlange entspricht in ihrer Rolle der Frau in den beiden Gleichnissen im Lebensmüden. Auch ihr wird Kenntnis des Lebens kreditiert; vgl. dazu Goedicke, The Report about the Dispute of a Man with his *Ba* 46 f., 141 f.

351 Eine Verbindung mit *w3j* ist wahrscheinlich, da das Wort nicht mit einem Wort für Wasser zusammengebracht werden kann.

352 "Baum" als Metapher für das vegetative Dasein findet sich auch im Lebensmüden 21; siehe dazu Goedicke, a.a.O. 101.

353 Ob ein Wortspiel (möglicherweise mit *f3j*) impliziert ist, läßt sich nicht mit Sicherheit erkennen. Andererseits wird *ḥf3w* bereits in den Pyramidentexten (insbesondere Pyr. 226 b, 247 b, 681 d) als Verkörperung eines abzulehnenden Prinzips, gegen das Reᶜ handelt, genannt. Dieselbe Vorstellung findet sich auch in den Sargtexten, z.B.CT II 373 d.

354 Ich möchte vermuten, daß ein Wortspiel mit *mᶜb3* zugrunde liegt, wobei vielleicht mit dem Gleichklang zu **mḥ m ᶜb3* gespielt wird.

355 Erman, Literatur 59, Anm. 2 "der Erzähler denkt sich das Wundertier wie eine ägyptische Götterfigur aus vergoldeter Bronze mit farbigen Einlagen".

356 S.o.S. 23.

kann auch als Metapher für das Widerspiegeln des Sonnenlichts, d.h. des Goldes, angesehen werden. Die Zeichnung in Dunkelblau paßt gut dazu als Farbe des Osiris bzw. des Chthonischen[357].

Die erste Auseinandersetzung bleibt einseitig, indem nur die Schlange spricht. In diesem Abschnitt kommt ein weiteres wesentliches Anliegen des Textes zur Sprache. Das Anliegen der Schlange betrifft in erster Linie die Herkunft des Neuankömmlings in ihrem Reich. Sie bezichtigt ihn a priori, straffällig zu sein, was sie ihn erkennen lassen wird, so er sich seiner Umstände nicht bewußt zeigt[358]. Das Unterlassen einer Demonstration der geistigen Fähigkeiten in der Form einer Antwort zeigt des Mannes anfängliche Schwäche, indem er sich seiner Angst hingibt,anstatt diese zu überwinden. So wird er zum willenlosen Objekt im physischen Bereich[359], was dichterisch sehr geschickt zum Ausdruck gebracht ist. Die Schlange trägt ihn fort nach ihrem Willen,und der Mann ist nur froh, daß ihm nichts Ärgeres widerfährt.

Erst bei der zweiten Konfrontation ermannt sich der Schiffbrüchige und gibt Antwort[360], d.h. er zeigt sich seines Schicksals bewußt. Damit ist der Bann gebrochen und die Angst überwunden. Das Leben wird als möglich angesehen, da Gott, hier deutlich als monistisches Prinzip, es gut hieß. Im physischen Bereich wird kein Mangel herrschen, da er letztlich gut ist. Unter diesen Voraussetzungen soll der Mann seine Zeit im physischen Bereich verbringen, bis er von dort wieder geholt wird. Der Zeitraum wird als *ỉbd fdw* "vier Monate" angegeben, was zu Kalkulationen der Reisezeit bzw. der Entfernung der Insel von Memphis verwendet wurde[361]. Da die im Text gebrauchten Zahlenangaben in anderen Fällen Wortspiele sind, scheint eine solche Anwendung auch in diesem Fall naheliegend. Als Homophon zu *fdw* "vier" bietet sich *fdj* "ausreißen, entfernen" (Wb.I 582,1 ff),

357 Vgl. Kees, Farbensymbolik in ägyptischen religiösen Texten, NGAW 1943, 11, 465.

358 Zum Zögern beim Antworten als Zeichen mangelnden Bewußtseins vgl. Sinuhe B 252 ff.

359 In dieser Hinsicht bestehen enge Berührungspunkte der Dichtung mit der Erzählung des Sinuhe, insbesondere in der geradezu fatalistischen Einstellung während der Flucht; vgl. Goedicke, JEA 43, 1957, 77 ff.

360 Vgl. dazu Sinuhe B 279.

361 Siehe dazu Wainwright, JEA 32, 1946, 34.

so daß *i͗bd fdw* als "Monat (=Zeit) der entfernt" gedeutet werden kann[362]. Es wäre dann als Hinweis auf den Tod als Fortnahme aus dem irdischen Bereich zu werten. Diese Erklärung harmoniert mit dem anschließenden Bild des Schiffes der Residenz, das den Schiffbrüchigen in die Heimat zurückholen soll. Das Schiff als Metapher für Tod findet sich in ähnlicher Weise im Lebensmüden[363], wobei die Idee der Heimkehr zeigt, daß des Menschen wahre Heimat im Geistigen und nicht im Existentiellen gesehen wird.

Die Prophezeiung wird durch eine Erzählung der Schlange illustriert, deren Thema die Vergänglichkeit alles Irdischen ist. Der existentielle Bereich wird in 75 Erscheinungsformen gegliedert, die präsentischen und prospektiven Aspekt haben; erstere verkörpern die "Verwandten", letztere die "Kinder". Die Wahl der Zahl 75 mag verwunderlich erscheinen und läßt sich bei unserer Unsicherheit der ägyptischen Zahlenbezeichnungen nicht lösen[364]. Es muß aber beachtet werden, daß in der Litanei des Re^{c} 75 Manifestationen für den als absoluten Monismus konzipierten Re^{c} genannt werden[365]. Ohne daß eine bestimmte Verfehlung angegeben wird, erfolgt die Nennung der Bestrafung durch Re^{c}. Obwohl der Erzähler nicht an dem zu strafenden Vergehen teil hatte, wird er doch derselben Vernichtung unterworfen. Durch sie erkennt er, daß das Irdische letztlich nur ein Leichenhaufen ist[366].

Aus der Erkenntnis der Vergänglichkeit alles Irdischen erfolgt der Rat, Selbstbeherrschung zu üben, d.h. sich nicht den Emotionen zu ergeben, sondern das Bewußtsein walten zu lassen. Nur dieses kann es ermöglichen, die geistige Heimat zu erreichen und unter gleichartig Geistigen zu sein. Der Mensch hat die Möglichkeit, im Geistigen eine Heimat zu finden, während die Schlange als Symbol des Existentiell-Chthonischen für immer der Erde verbunden bleibt[367].

362 Vgl. Pyr. 1978 c, wo ein Wortspiel mit *fd* gebraucht ist: "er hat entfernt das Übel an seinem vierten Tag", d.i. an seinem Todestag.

363 Vgl. dazu Goedicke, The Report about the Dispute of a Man with his *Ba* 133.

364 Koptisch wäre es ϣⲃⲉⲧⲏ.

365 Piankoff, The Litany of Re^{c} 10 ff.; vgl. dazu auch Goedicke, JARCE 5, 1966, 133 f.

366 Es sind hier deutlich Anklänge an die Idee von der Vernichtung des Menschengeschlechtes enthalten, dessen Konzeption in dieselbe Zeit wie unsere Dichtung fällt.

367 Siehe dazu Gen. 3:14.

Versichert der endgültigen Heimkehr aus dem Reiche der Schlange, d.h. des Diesseits, in die geistige Heimat mit ihrem Souverän, will der Mann sich für seinen zeitweiligen Patron verwenden. Er ist bereit, ihn als göttliches Wesen anzuerkennen und ihm einen Kult angedeihen zu lassen. Allein, erneut zeigt sich der Mann als unverständig und befangen in seinen religiösen Einsichten, indem er im Materiellen verhaftet bleibt und nicht imstande ist, sich zu letzter Klarheit durchzuringen. Die Opfer, die der Mann anbietet, werden von der Schlange, d.h. dem Existentiellen, verlacht, da sie dem materiellen Bereich eigen sind. Darüber hinaus gibt es keine Rückkehr dorthin, nachdem man es verlassen hat[368].

Das Schiff, das den Mann zu holen kommt, ist ein klares Bild für den Tod, der den Menschen vom irdischen Bereich in seine geistige Heimat bringt. Als er das Herannahen erkennt, will er es der Schlange, hier geradezu das Bild für seine eigene Existenz, berichten, doch weiß sie es bereits. Sie versieht ihn mit guten Wünschen für die Überfahrt, daß er in seinem Hause seine Kinder sehen möge. Auch diese Bilder sind übertragen gebraucht. Das Haus steht, wie schon früher (Zl.134), für die geistige Heimat, während die Kinder die Hoffnungen versinnbildlichen[369]. Als Abschiedswunsch verlangt die Schlange eine gute Nachrede. Es scheint dies erst verwunderlich nach dem Vorhergehenden, wie auch die Einfügung in den Aufbau des Textes unklar ist. Die Stelle ist m.E. in doppelter Weise bedeutungsvoll. Erstens zeigt sie eine Betonung der geistigen Einstellung im Gegensatz zu materieller Anerkennung. Es spiegelt sich hier jene Vergeistigung, die sich auch in den Grabinschriften des Mittleren Reiches findet[370]. Zweitens wird auch der existentielle Bereich anerkannt und nicht entwertet oder verworfen.

Zum Abschied vom irdischen Bereich wird der Mann mit Gaben versehen, die deutlich als dichterische Schilderung der Totenausstattung zu erkennen sind. Versehen mit all diesen Gaben ist der Mann bereit, die letzte Reise anzutreten. Beim Abschied vom Leben hat der Mann Dank für sein Dasein im Irdischen, aber auch für jene, die ihn von dort holen kommen. Die Überfahrt währt zwei Monate, was m.E. nicht als Basis einer Kalkulation der

368 Vgl. dazu Lebensmüder 77 f. und Goedicke, The Report about the Dispute of a Man with his *Ba* 137 f.

369 Vgl. die Parallele in Lebensmüder 78 f.

370 Siehe dazu Spiegelberg, ZAS 45, 1908, 67.

physischen Distanz verwendet werden darf[371]. Es ist wohl vor allem ein Hinweis auf die Zeit der Zubereitung des Verstorbenen für seine ewige Ruhe, d.h. die Mumifizierung[372]. Die "Residenz", in der der Mann letztlich ankommt, ist eine Metapher sowohl für das Grab wie auch für das Jenseits. Dort hat er Rechenschaft abzulegen vor dem Souverän, der als alleiniger Herr leitend und richtend über dem Universum steht[373]. Ihm zeigt er auch die Gaben vor, die er aus dem Reich der Schlange, d.h. aus dem Diesseits, mitgebracht hat, was bildhaft einer Rechenschaft über das irdische Dasein gleichkommt. Indem sie Annahme finden, wird die Tätigkeit des Mannes im irdischen Bereich gutgeheißen, was ihm die Ernennung zum Gefolgsmann des Souveräns einbringt. Auch dieses Bild läßt sich in seiner übertragenen Bedeutung leicht erkennen. Es ist die Aufnahme in das Gefolge des Re^{c} , d.h. die fortdauernde Existenz als geistiges bzw. geistbegabtes Wesen[374]. Diese Ausdeutung erlaubt die Anwendung der Metapher im transzendenten wie im irdischen Bereich. Die Sicherheit der Verankerung im geistigen Prinzip ist die Plattform, von der aus der "Gefolgsmann" gegen die triebhafte Angst spricht. Seine Stärke liegt in der Bewußtwerdung, indem er das, was er erfahren hat, erkennt. Dadurch gewinnt er Abstand vom Eindruck des Erlebens und kann gefaßt auch dem Tode ins Auge sehen.

Wenngleich dies die Botschaft der Dichtung ist, so zeigt der Dichter seine Kenntnis der menschlichen Natur. Obwohl das geistige Prinzip Stärke

---

371 Vgl. Wainwright, JEA 32, 1946, 34.

372 Für die Zubereitung des Verstorbenen vgl. die Spiegelungen in der zeitgenössischen Literatur, wie Admonitions 3,6 ff., Westcar 7, 26 f. (vgl. Goedicke, a.a.O. 31) etc. Für Hinweise auf die Länge einer Bereitung des Verstorbenen siehe Smith, JNES 11, 1952, 126 mit Belegen der späten 4. Dynastie.

373 Das Bild ist m.E. ein klarer Hinweis auf das Konzept eines Totengerichts, das jedoch unter der Aufsicht des Re^{c} und nicht des Osiris stattfindet. Diese Stufe der Totengerichtsvorstellungen läßt sich auch anderwärts als die ursprüngliche Konzeption nachweisen; vgl. dazu Spiegel, Die Idee vom Totengericht 22 ff. und Grieshammer, Das Jenseitsgericht in den Sargtexten 74 ff.

374 Vgl. Lebensmüder 144-45, wo die Aufnahme in die Gefolgschaft des Re^{c} als eines der drei erstrebenswerten Ziele dargestellt wird; siehe dazu auch Goedicke, a.a.O. 180

und Klarheit erstellen kann, so ist doch der Mensch nichtsdestoweniger von Angst geplagt. Sie wird vom Gesprächspartner vertreten, der trotz aller weisen Erkenntnis, die ihm zugesprochen wird, von Angst geplagt bleibt. Wenn es zur Rechenschaft kommt, ist die Furcht größer als die Erkenntnis[375]. So bleibt das Problem letztlich ungelöst, denn trotz der Betonung des geistigen Prinzips wird gleichzeitig auch die ureigenste Natur des Menschlichen, Allzumenschlichen anerkannt und kein absolutes Werturteil gefällt.

---

375 Vgl. dazu Lebensmüder 146.

INDEX ÄGYPTISCHER WÖRTER

3tw 40
3ṯp r dpt 66

ỉ3s 67
ỉ3ḳt 26
ỉw 38,61,64
ỉwn 31
ỉwdnb 56,64
ỉbj 56
ỉbr 56
ỉbd fdw 86
ỉn 38f.,60
ỉnj 56
ỉnḥ 31
ỉḫ 13
ỉzwt 7,10,80
ỉs 61
ỉḳr 71
ỉtj 55
ỉṯj m 37

ʿwj h3m 39
ʿntjw 60
ʿrḳ 32
ʿḥʿ.n 48
ʿḥʿ.n + nom.Subj.
+ Pseudopart. 23
ʿḥʿ.n.f 23

w3w n W3d-wr 29
W3w3t 7,80
w3ḥ 37
wʿ ḥr ḫw 40
wʿt 51
wn 44
wr 27 f.
wr r 30

wh3 40
wḥmjt 20
wḥmjt nwjt 20 f.
wšn 58

b3w 55
bj3w 16 ff.
bw 60
bw-wr 60
pt 55
Pwnt 60
prj 49

f3j ṯ3w 19 f.
fdw 86

m + dir.Obj. 13
m ỉr 71
m-ḳ3b 44
m33 18,57,70
mjtt < mtwt 15
mʿk3 18
mʿk3 ỉb 40
mrjt 67
mšʿ 7,10,67f.,80
mk 8
mt 24
mt n 51

n k3 42
n3 50
nỉwt 63
njtjt 13
nwj 39
nwjt 21
nwb 31
nwr 28
nb-snṯrw 60

nf 59
nn sḏm.f 45
nḫt-ʿ 40
ntjw 62
ntjw ỉm.s 24
nṯr 42
nḏs 35

r-ḫnt 32
rn 63
rnpj 67
rḫ 35
rdj (Imperativ) 6
rdj r t3 28
rdj rn 63
rdj ḥr ḫt 62

h3w 48

ḥ3tj-ʿ 9f.,70,80
ḥwj mnjt 5
ḥwj 21f.
ḥbzwt 30
ḥnʿ (Adverb) 50
ḥr 29,57,69,41
ḥr ʿwj 28
ḥr + sḏm.f 34 f.
ḥḳ3 Pwnt 60
ḥknw 56

ḫt 50
ḫt mr 44
ḫpr m 61
ḫpr m-ʿ 15
ḫpr n 66
ḫpr r 50
ḫprt 57

ḫrw 29
ḫrt 63
ḫrt-ỉb 13f., 81
ḫsbḏ m3ᶜ 31 f.
ḫt (ein Maß) 22
ḫt "Baum" 25
ḫt ḳ3w 62

ẖt 54
ẖ3jt 57
ẖnw 67
ẖnw n ỉtj 69
ẖz3jt 56
ẖs3jt 65

zbjt 64
zn 44
Znmwt 80
zz 35 f.
zš3w 46

st nt snḏm 36
s3ḥ 69 f.
s3ḥ t3 70
sᶜḥᶜ 22 ff.
sb3 48

sbṯ 58 f.
sfṯ 58
smjt 62
snw 44
snṯr n gs-pr 56
snḏm 37
srwḏ 14
sḥtpw 56
sḫ3 n 45
sš3w "Bitten" 46
sš3/šs3 "Erfahrung" 56
sḏm 70
sḏm.ỉn.f 41
sḏm.nj 49
sḏd 55
š3ᶜz 65
šw m h3w 12
špsw 65
špst 26 f.
špssw 58
šmsw 69,80
šmsw ỉḳr 8 f.
šspt 27

ḳ3w 62

ḳ3p n ḫt 25
ḳn 51
ḳnj šwjt 25 f.
ḳrst 67

kj 54
kf3 ḥr 29
km 45
ktt 45 f.

t3 8
tj-šps 65

gmj 51
gs 39

d3jr ỉb 51 f.
dp 43 f., 70
dpt 62
dm3 54
dm3t-pḏwt 54
dnb 64 f.

ḏbᶜw 12, 81
ḏnb 56
"75" 51,87
"120" 82